Klett Lektürehilfen

Robert Seethaler

Der Trafikant

Interpretationshilfe für Oberstufe und Abitur

von Udo Müller

Klett Lerntraining

Udo Müller, langjähriger Gymnasiallehrer für das Fach Deutsch. Federführung für das schriftliche Zentralabitur in Baden-Württemberg.

Die Textzitate folgen der Ausgabe: Robert Seethaler: Der Trafikant. Roman. 19. Aufl. Zürich/Berlin: Kein & Aber, 2016.

Bildnachweis: S. 36: picture alliance/IMAGNO, S. 41: Walter Anton, Wikimedia Commons (San Francisco), S. 52: akg-images (Berlin)

Bibliografische Information der Deutschen Nationalbibliothek
Die Deutsche Nationalbibliothek verzeichnet diese Publikation in der Deutschen Nationalbibliografie; detaillierte bibliografische Daten sind im Internet über http://dnb.dnb.de abrufbar

Dieses Werk folgt der reformierten Rechtschreibung und Zeichensetzung. Ausnahmen bilden Texte, bei denen künstlerische, philologische oder lizenzrechtliche Gründe einer Änderung entgegenstehen.

4. Auflage 2020

www.klett-lerntraining.de; kundenservice@klett-lerntraining.de
Umschlagfoto: picture alliance/dpa-Zentralbild
Satz: DOPPELPUNKT, Stuttgart
Druck: medienhaus Plump GmbH, Rheinbreitbach
Printed in Germany
ISBN 978-3-12-923113-5

1 Inhaltsangabe und erste Deutungsaspekte

2 Analyse und Interpretation

3 Schnellcheck

4 Prüfungsaufgaben und Lösungen

1 Inhaltsangabe und erste Deutungsaspekte

Aufbau der Handlung

KURZINFO

Lockerer Aufbau des Romans ohne Einteilung in Kapitel

- Das Erzählen folgt mit geringen Ausnahmen dem Ablauf der Ereignisse.
- Der Text ist in eine große Zahl von Abschnitten gegliedert.
- Die Abschnitte sind verschieden lang und lassen sich in thematische Gruppen zusammenfassen.

Robert Seethalers Roman ist nicht in Kapitel eingeteilt. Über die normalen Absätze hinaus weist er nur eine lockere Gliederung in etwa 54 Abschnitte auf, die durch Leerzeilen voneinander getrennt sind. Die Zahl dieser Abschnitte kann nicht ganz eindeutig bestimmt werden, weil manchmal auch in fortlaufende Passagen eingefügte Briefe, Verse, Notizen oder Dokumente durch größere Zeilenabstände vom umrahmenden Text abgeteilt sind. Diese Einschübe sind zusätzlich durch Kursivschrift oder eine authentisch wirkende Textgestalt (wie etwa auf S. 191 f.) hervorgehoben. Die Länge der Abschnitte ist sehr verschieden, sie reicht von weniger als einer bis zu mehr als zehn Seiten.

Die folgende Darstellung des inhaltlichen Aufbaus soll vor allem über die Abfolge des erzählten Geschehens orientieren, gibt aber auch schon Hinweise zu dessen erzählerischer Gestaltung. Sie fasst die (angenommenen) 54 Abschnitte nach ihrem inhaltlichen Zusammenhang unter einer gemeinsamen Überschrift in Gruppen zusammen, die aus mehreren Abschnitten bestehen, einmal auch aus einem einzelnen. Der wesentliche Inhalt der entsprechenden Abschnitte ist in der Randspalte vermerkt. Zitate aus dem Roman sind stets mit Seitenverweis gekennzeichnet.

Die Handlungsabschnitte 1–54

Vom Attersee nach Wien (1–5)

Zu Beginn erfährt der Leser, wann – „im Spätsommer des Jahres 1937" – und wo – in einer armseligen Hütte im „Örtchen Nußdorf am Attersee" (S. 7) im österreichischen Salzkammergut – die Handlung des Romans beginnt. Sie setzt mit einem ungewöhnlich starken Gewitter ein. Eine Vorausdeutung gibt an, dass durch dieses Unwetter dem „bislang eher ereignislos dahintröpfelnden Leben" des siebzehnjährigen Franz Huchel (der so als Hauptfigur vorgestellt wird) „eine ebenso jähe wie folgenschwere Wendung" (ebd.) bevorsteht.

Gewitter und Verzweiflung der Mutter

Franz Huchels Perspektive bestimmt zunächst den Fortgang des Erzählens. Als das Unwetter abklingt, wärmt er sich einen Milchkaffee auf und sieht plötzlich, „als mit einem jähen Kracher die Tür aufflog", seine Mutter vor sich, „eine schmale Frau in den Vierzigern, immer noch ganz ansehnlich, wenn auch schon etwas ausgemergelt wie die meisten Einheimischen" (S. 8). Sie erscheint durchnässt vom Regen, keuchend und weinend, offenbar verzweifelt. Auf die Frage des Sohns, was passiert sei, kommt eine für den Leser rätselhafte Antwort:

> „‚Er ist ertrunken', sagte sie leise.
> ‚Wer?'
> ‚Der Preininger.'" (S. 9)

Preininger und sein Ende

Der Erzähler verlässt nun Franzens Blickwinkel und stellt diesen Preininger vor. Er ist ein vitaler, allen Genüssen zugetaner Mann von sechzig Jahren, „nach eigenen Angaben der reichste Mann im Salzkammergut" (S. 10). Ihm gehören Grund- und Waldstücke, Fabriken, Schiffe und ein „prächtiger, bordeauxroter Wagen der Firma Austro-Daimler" (ebd.) – ein Lebemann, der auch die Frauen liebt. Mit Franz Huchels Mutter verbindet ihn eine ebenso lockere wie intensive Liebschaft, die bei einem Seefest begonnen hat und Frau Huchel durch Preiningers „Liebesgroßzügigkeit" (S. 11) bisher eine beachtliche monatliche Zuwendung eingetragen hat. So kann sie sich über die karge Existenz hinaus, die sie mit ihrem Sohn in einer Fischerhütte führt, bescheidene Annehmlichkeiten leisten. Und sie kann ihrem Sohn die frühzeitige harte Arbeit, wie sie bei der Dorfjugend üblich ist, ersparen.

Dieser Preininger – hier blendet der Erzähler nun zurück zum Heraufziehen des Gewitters – kommt von einer üppigen Mahlzeit, die ihn schwer belastet. Er nimmt mit animalischem Genuss ein Bad im See, wird dabei vom Unwetter überrascht und auf dem Höhepunkt des Wohlgefühls von einem Blitz getroffen. Gleich im nächsten Abschnitt wird kurz beschrieben, wie Preiningers Begräbnis stattfindet:

Begräbnis

> „Viele Menschen aus der Gegend waren gekommen, um Alois Preininger zu verabschieden. Vor allem versammelten sich auffällig viele schwarz verschleierte Frauen um das Grab." (S. 14)

Nach ein paar Worten des dienstältesten Vorarbeiters in Preiningers Sägewerk zerstreuen sich die Trauergäste.

Auf dem Heimweg eröffnet Frau Huchel ihrem Sohn Franz, dass sich nun die Lebensbedingungen geändert haben: Er sei mit seinen siebzehn Jahren zu zart für Arbeiten im Wald, am See oder im Gastgewerbe, aber ein alter Freund namens Otto Trsnjek betreibe eine Trafik in Wien und schulde ihr noch einen Gefallen. Franz fragt:

> „‚Wofür denn?'
> Die Mutter zuckte mit den Achseln und zupfte sich mit spitzen Fingern eine Schleierfalte zurecht. ‚Die Saison damals war heiß, und wir waren jung und recht dumm im Schädel …'" (S. 15 f.)

Franzens Vermittlung an die Trafik

Und dann erfährt Franz, die Mutter habe ihm bei diesem Trsnjek Arbeit besorgt und er solle gleich am nächsten Tag nach Wien aufbrechen. Auf seinen entsetzten Einwand – „Morgen? Aber das geht doch nicht …" (S. 16) – erhält Franz nur eine Ohrfeige zur Antwort.

Nach einem beiderseits wortkargen Abschied sitzt Franz am nächsten Tag im Zug nach Wien. Seine anfängliche Beklommenheit weicht einer erwartungsvollen Neugier. Einmal muss der Zug anhalten, weil ein „verdächtiger Gegenstand" auf den Schienen liegt:

> „,Wahrscheinlich wieder die Sozis!', knurrte der Schaffner, während er mit knatterndem Fahrkartenblock durch die Waggons nach vorne eilte. ,Oder die Nazis. Wär aber sowieso egal: Ist eh alles das gleiche Gesindel!'" (S. 18)

Kuh steht symbolisch für Hitlers Staatsfeinde, die sich freiwillig das Leben nehmen

Ankunft in Wien

Allerdings handelt es sich um eine verendete Kuh, und so kommt der Zug „mit nur zweistündiger Verspätung" (S. 19) in Wien an. Das Brausen der Großstadt stellt Franz, der seine ländliche Welt bisher kaum verlassen hat, auf eine harte Probe. Er ist zunächst ganz „benommen" (S. 20), auch von dem durchdringenden Gestank, und wird von einer besorgten Frau angesprochen. Sie rät ihm gleich zur Rückreise:

> „,Das ist nicht der Kanal, der da stinkt', sagte sie. ,Das sind die Zeiten. Faulige Zeiten sind das nämlich.'" (S. 21)

Franz stürzt sich aber entschlossen ins Getümmel und macht sich auf den von der Mutter beschriebenen Weg.

In der Trafik (6–9)

Er kommt nun vor der Trafik in der Währingerstraße an. Sie erscheint ihm klein und staubig, „vollgestopft mit Zeitungen, Zeitschriften, Heftchen, Büchern, Schreibzeug, Zigarettenschachteln, Zigarrenkisten und verschiedenen andern Rauch-, Schreib- und Kleinwaren" (S. 23). Zudem ist sie ausgesprochen düster, weil die einzige Schaufensterscheibe fast ganz mit allerlei Plakaten und Zetteln beklebt ist.

Arbeit in der Trafik

Der Trafikant Otto Trsnjek erweist sich als ein älterer Mann, der beinamputiert ist und sich nur mit zwei Krücken mühsam bewegen kann. Er begrüßt Franz, ohne zunächst von seinen Listen aufzusehen, in die er mit großer Sorgfalt Zahlen einträgt. Dann weist er, ein Trafikant aus Leidenschaft, der in den Waren seine „Freunde" und seine „Familie" (S. 24) sieht, Franz weitläufig in seine Aufgaben ein. Als „Kerngeschäft" (S. 25) gehört dazu jeden Tag die ausgedehnte Zeitungslektüre zwecks Beratung der Kundschaft, die „mit sanftem Nachdruck oder nachdrücklicher Sanftmut" an das „einzig angemessene Blatt herangeführt" (ebd.) werden müsse. Und dann die Rauchwaren:

> „Zigaretten könne schließlich jeder dahergelaufene Bauernlümmel, der sich vielleicht zufällig aus dem Salzkammergut oder sonst irgendwoher in eine Trafik hineinverirrt habe, verkaufen. […] Erst mit dem Verkauf von Zigarren nämlich werde aus einer ernstzunehmenden Trafik auch eine vollkommene Trafik; erst das Aroma, der Duft, der Geschmack und die Würze einer gehörigen Auswahl von Zigarren verwandle einen stinknormalen Zeitungsverkaufsstand mit Rauchwarenzubehör in einen Tempel sowohl des Geistes als auch des Genusses." (S. 26)

Als „Wohn-, Bade- und Schlafzimmer" (S. 27) bekommt Franz nun eine kleine Kammer hinter dem Verkaufsraum. An die Arbeit (vormittags meist Zeitunglesen auf einem Hocker neben der Tür) gewöhnt er sich rasch. Die Geschehnisse im Spiegel gegensätzlicher Kommentare verschaffen ihm eine „kleine Ahnung von den Möglichkeiten der Welt" (S. 29). Und an den verschiedenen Düften der Zigarren, an denen er schnuppert, wittert er „das Aroma einer Welt jenseits der Trafik" (ebd.). Dann die Kunden der Trafik, die eiligen Menschen der Laufkundschaft, vor allem aber die Stammkunden mit ihren persönlichen Wünschen und Vorlieben. Sie muss er sich merken: „Das Gedächtnis ist das Kapital des Trafikanten", wie Trsnjek betont (S. 30). Da ist die völlig unakademische Frau Dr. Dr. Heinzl, die ihre Titel zwei überlebten Ehemännern verdankt; ein Kommerzialrat mit inkontinentem Dackel, dessen Hinterlassenschaft täglich weggewischt werden muss. Da sind Arbeiter, Rentner und Hausfrauen, die Düfte „entweder nach Putzmitteln oder nach Kirschlikör" (S. 32) verbreiten; Herren, von denen manche nach den streng verbotenen „Zärtlichen Magazine[n]" (S. 33) in einer Schublade unter der Theke verlangen:

Zeitungen und Zigarren

Die Kundschaft

> „‚Ein guter Trafikant verkauft nicht einfach nur Tabak und Papier', sagte Otto Trsnjek und kratzte sich mit dem hinteren Ende der Schreibfeder an seinem Beinstumpf. ‚Ein guter Trafikant verkauft Genuss und Lust – und manchmal Laster!'" (Ebd.)

In der ganzen ersten Zeit in Wien schickt Franz jede Woche eine Ansichtskarte an seine Mutter mit kurzen Worten zu seinem Befinden, die sie dann jeweils ebenso bündig mit Ansichten des Attersees beantwortet:

Ansichtskarten an die Mutter

> „Es waren Rufe aus der Heimat in die Fremde hinaus und wieder zurück, wie kurze Berührungen, flüchtig und warm" (S. 34).

Begegnung mit Professor Freud (10)

Im Herbst, während sich die politische Lage zunehmend verdüstert, betritt dann ein „alter Herr" (S. 35) die Trafik, den Trsnjek mit ungewöhnlicher Ehrerbietung begrüßt. Dieser Respekt einflößende, sich etwas gebückt bewegende Herr verlangt „wie immer" (S. 36) zwanzig Virginia-Zigarren und seine Zeitung. Sein Verhalten kommt Franz seltsam vor:

> „Er sprach langsam und so leise, dass er nur schwer zu verstehen war. Dabei öffnete er kaum den Mund. Es war, als ob er jedes einzelne Wort nur unter erheblicher Anstrengung durch die Zähne gepresst bekäme." (S. 37)

Franz wird dem seltsamen Kunden vorgestellt und fragt nach dessen Verschwinden, wer das gewesen sei.

> „‚Das war Professor Sigmund Freud', sagte Otto Trsnjek und ließ sich mit einem Ächzen zurück in seinen Sessel sinken. ‚Der Deppendoktor?', entfuhr es Franz mit einem kleinen Erschrecken in der Stimme. Natürlich hatte er schon von Sigmund Freud gehört. Der Ruf des Professors war ja mittlerweile nicht nur an die entlegensten Flecken der Erde, sondern sogar bis ins Salzkammergut gelangt und hatte dort die meist eher dumpfen Fantasien der Einheimischen angeregt." (S. 38)

Gespräch über und mit Freud

Trsnjek klärt Franz auf, der Professor behandle seine Patienten, „ohne sie anzurühren wie die anderen Doktoren" (S. 39), bekomme dafür märchenhafte Honorare, könne aber „den Leuten beibringen, wie ein ordentliches Leben auszuschauen hat" (S. 38). Sein Problem sei aber, dass er Jude sei. Da entdeckt Franz, dass Freuds Hut noch in der Trafik liegt, nimmt ihn und läuft dem Professor nach, den er gerade noch in die Berggasse einbiegen sieht. Er trägt dem gebrechlichen Herrn nun Hut, Zigaretten und Zeitung nach. In seiner Neugier befragt er ihn nach seinen Behandlungsmethoden: „Stimmt es, dass Sie den Leuten ihre Schädel wieder gerade richten können?" (S. 42).

Freud empfindet den Jungen zuerst als etwas aufdringlich, gibt aber dann zögernd und mit resignativem Unterton Auskunft. Als Franz erwähnt, er wolle alle Bücher Freuds kaufen, verleiht er dem Gespräch eine neue Wendung:

> „‚Hast du nichts Besseres zu tun, als die angestaubten Schinken alter Herren zu lesen?', fragte er.
> ‚Was zum Beispiel, Herr Professor?'
> ‚Das fragst du mich? Du bist jung. Geh an die frische Luft. Mach einen Ausflug. Amüsier dich. Such dir ein Mädchen.'"
> (S. 43)

Der letzte Ratschlag leuchtet Franz sofort ein, da er bisher zwar erotischer Bedürfnisse mächtig gewesen ist, sie aber nur unklar verspürt hat. Er gibt jedoch zu bedenken, dass man da, wo er herkommt, etwas von Holzwirtschaft verstehe, aber nicht von der Liebe. Freud verwirrt ihn weiter mit der Auskunft, von der Liebe verstehe niemand etwas, auch er nicht. Er nimmt seine Sachen an sich und entlässt Franz vor seinem Domizil. In der wöchentlichen Postkarte berichtet dieser später seiner Mutter von dem Gespräch. Sie antwortet darauf mäßig interessiert. → die Mutter hält nicht viel von „riskanten Bekanntschaften"

Anezka (11–13)

Gleich am nächsten Samstag macht sich Franz dann fein, um dem Rat des Professors zu folgen:

> „Und so schlüpfte er […] in seinen Sonntagsanzug, wusch sich sein Gesicht, den Hals und die Hände mit einem extra für diesen Anlass teuer erstandenen Stück Kernseife, schmierte sich einen Batzen Schweineschmalz in die Haare und zerrieb die Blütenblätter einiger prächtiger Königsrosen unter seinen Achseln, die er auf einem nächtlichen Streifzug aus den um die Votivkirche akkurat angelegten Beeten gepflückt hatte."
> (S. 47)

Franzens Weg führt nun in den Prater, wo er das Riesenrad und weitere Attraktionen bestaunt, isst und Bier trinkt. In der Märchengrottenbahn denkt er an seine Kindheit zurück. Er wird – besonders beim Anblick turtelnder Paare – traurig und will gerade den weiteren Tag mit „großen Mengen von Bier und anderen Getränken" (S. 50) beschließen, als ihm auf einer Schiffschaukel ein

Das Mädchen im Prater

blondes Mädchen auffällt, das ihm als Inbegriff der Schönheit erscheint. Er nimmt allen Mut zusammen, spricht sie an und lädt sie zu einer Fahrt mit dem Riesenrad ein. Das Mädchen blickt ihn an „wie eine Zoobesucherin ein vom Aussterben bedrohtes Tier" (S. 52) und will mit ihm zwar nicht zum Riesenrad, aber dafür zur Schießbude.

Gemeinsame Vergnügungen

Franz ist hingerissen von dem böhmischen Akzent– z. B. „bittascheen" (ebd.) statt „bitteschön" – des Mädchens und ihren blitzenden Zähnen, zwischen denen sich eine reizende kleine Lücke auftut. Während sie schon mit dem Gewehr hantiert und zielt, wäre Franz gern „in diesen Blick, in diese Augen eingetaucht, ein Kopfsprung mitten hinein in die Glückseligkeit" (S. 53). Er fantasiert sich gleich darauf zurück in seine Jugend, in der er sich einmal mit Kopf und Hand in ein zweifelhaft riechendes Wasserfass versenkte.

Franz ist so verwirrt, dass er anders als das Mädchen immer danebenschießt. In einem Gartenlokal essen und trinken die beiden und stürzen sich dann ins Tanzvergnügen, wobei die Hand des Mädchens mehrfach auf Franzens Hinterteil zu ruhen kommt.

> „Immer noch klebte das Mädchen an Franz' überhitztem Körper, und plötzlich spürte er ihre Lippen an seinem Ohr. ‚Haben wir gesoffen, haben wir getanzt, und was machen jetzt?'" (S. 57)

Ende des Ausflugs

Auf dieses kaum verhüllte sexuelle Angebot reagiert Franz in seiner Naivität mit dem Vorschlag, sein restliches Geld noch beim Tanz, am Schießstand oder im Riesenrad zu verbrauchen. Die Reaktion des Mädchens ist „ungläubiges Erstaunen", worauf sie mit einem „Gleich wieder da, Burschi!" (S. 58) verschwindet.

Erst nach längerer Zeit und mehrfacher Suche bis hin zur Damentoilette erkennt Franz, dass das Mädchen das Weite gesucht hat. Er vertrinkt sein letztes Geld und setzt sich mit „hängendem Kopf" (S. 59) als letzter Gast ins Riesenrad, bevor er den Prater verlässt.

Schmiererei – Liebesnöte – Freud (14–18)

Der folgende Tag beginnt mit ungewöhnlichem Lärm: Türenschlagen, Geschrei, ein johlender Menschenauflauf vor der Trafik. Dort stehen sich Trsnjek und der benachbarte Metzger Roßhuber gegenüber „wie zwei lauernde Jahrmarktringer“ (S. 60). Am Schaufenster und neben dem Eingang der Trafik prangt eine Schmiererei mit obszönen Zeichnungen und der Parole „SCHLEICH DICH, JUDENFREUND!“ (S. 61). Trsnjek bezichtigt den Fleischermeister, er habe das Geschmier mit Schweineblut angebracht. Dieser streitet das jedoch ab. Die Umstehenden zeigen keine Bereitschaft zum Eingreifen:

Streit mit dem Fleischer

> „Niemand sagte etwas, einige Leute grinsten, einige schüttelten den Kopf, jemand ging, andere kamen dazu und drängelten sich zwischen die Schaulustigen.“ (S. 63)

Schließlich zieht sich Trsnjek „mit zwei kräftigen Krückschwüngen“ (S. 64) in die Trafik zurück.

Franz ist zunehmend orientierungslos. Er durchstreift in der folgenden Zeit immer wieder den Prater auf der Suche nach dem Mädchen, dessen charakteristische kleine Zahnlücke und dessen böhmischer Akzent ihn förmlich verfolgen. Er schreibt der Mutter von seinem Zustand und sie fragt in der nächsten Karte zurück, ob er sich verliebt habe: *„Sich verlieben heißt ja bekanntlich: sich nicht mehr auskennen.“* (S. 66)

Franz in Liebeskummer

In der Trafik spricht ihn Trsnjek auf sein schlechtes Aussehen an. Franz gesteht ihm, dass er sich verliebt hat. Er bittet ihn um Rat und bekommt auch Antwort:

> „„Hör zu, ich verstehe nichts mehr von diesen Dingen. […] Such dir für solche delikate Sachen eine andere Ansprach', und lass mich damit in Frieden.“‘ (S. 68 f.)

Keine Hilfe von Trsnjek

Die Szene wechselt nun zu Freuds Haus in der Berggasse 19, wo Tochter Anna ihrem Vater ein handfestes Mahl bereitet hat. Sie berichtet ihm, dass ein Junge seit Stunden in der Kälte vor dem Haus sitzt. Freud, dem seine Kieferprothese nach dem Essen wieder große Schmerzen bereitet, beschließt: „Ich rauche heute draußen!“ (S. 71)

Franz vor Freuds Haus

Franz springt beim Erscheinen des Professors erleichtert auf und überreicht ihm eine aus der Trafik mitgebrachte auserlesene Zigarre, nicht ohne die auswendig gelernten Werbesprüche dazu von sich zu geben. Befragt nach seinem Anliegen gesteht er, er habe sich verliebt, die Auserwählte aber verloren. Freud sei daran schuld: „Sie haben mir doch empfohlen, mich zu amüsieren und mir ein Mädchen zu suchen!" (S. 74) Er bittet den Professor dringlich um seine Hilfe:

> „‚Sie haben Bücher geschrieben. Viele Bücher! Steht denn da gar nichts drinnen, das mir helfen kann?'
> ‚Ehrlich gesagt: Ich glaube nicht.'
> ‚Und wozu sollen dann die ganzen Bücher gut sein?'
> ‚Das frage ich mich manchmal auch.'" (S. 75)

Freuds Ratschläge

Immerhin schwingt sich Freud doch noch, bevor man sich mit guten Weihnachtswünschen trennt, zu neuen Ratschlägen auf:

> „‚[…] Erstes Rezept (gegen dein Kopfweh): Hör auf, über die Liebe nachzudenken. Zweites Rezept (gegen dein Bauchweh und die wirren Träume): Leg dir Papier und Feder neben das Bett und schreib sofort nach dem Aufwachen alle Träume auf. Drittes Rezept (gegen dein Herzweh): Hol dir das Mädchen wieder – oder vergiss sie!'" (S. 78)

Wiedersehen mit Anezka (19–24)

Weihnachtsruhe

Über die Weihnachtstage ist die Trafik geschlossen und Trsnjek verreist. Franz, fiebrig und krank, verzehrt die Leckereien, die seine Mutter ihm geschickt hat. Auf ihre Nachfrage in der nächsten Postkarte bestätigt er ihr, dass er immer noch verliebt ist.

Auskunft vom Kellner

Im neuen Jahr 1938 geht Franz wieder in den jetzt im Winter schwach besuchten Prater und versucht von einem Kellner, der wie das gesuchte Mädchen mit böhmischem Akzent spricht, deren Adresse zu bekommen. Als der Kellner sie eine „ausgefressene Landpomeranze" (S. 84) nennt, greift Franz ihn wütend an, wird aber niedergeschlagen. Trotzdem verrät ihm der gutmütige Kellner ein bestimmtes gelbes Haus im 2. Bezirk, wo Franz ja nach ihr sehen könne.

Franz geht nun zu diesem Haus, das einen heruntergekommenen Eindruck macht und penetrant stinkt (wird doch sogar ein Schwein darin gehalten, vgl. S. 89). Hier dringt Franz in einen Raum mit etwa dreißig Frauen vor, die sich auf mancherlei Weise die Zeit vertreiben:

> „Drei hockten nebeneinander auf dem Fensterbrett wie Vögel auf einem Ast. Manche lagerten auf alten Matratzen entlang der Wände. Zwei junge Mädchen saßen im Schneidersitz vor einem niedrigen Holzkohleofen und spielten Karten; eine Frau stand vor einer Spiegelscherbe und schminkte sich mit einem Kohlestift die Augen; eine andere hockte auf einem umgedrehten Wäschekorb und hielt ein winziges Kind an ihre Brust gedrückt." (Ebd.)

Auf Franzens Frage, ob „hier vielleicht eine junge Frau, eine Böhmin" sei, erhebt sich unterdrücktes Gekicher. Und schon meldet sich das gesuchte Mädchen: „Ah, der Burschi mit dem scheenen Popscherl!" Für einen gemeinsamen Ausgang ist sie auch gleich zu haben: „Darfst mir bezahlen ein Essen und ein Glaserl Wein, Burschi!" (Ebd.)

Mit Anezka

Auf dem Weg durch den Schnee erfährt dann Franz, dass sie Anezka heißt, drei Jahre älter ist als er und – wie sie angibt – „wahlweise als Kindermädchen, Köchin oder Haushaltshilfe" (S. 90) arbeitet. Er erzählt ihr nun weitläufig vom Leben in seiner Heimat, bis beide am Abend in einem Wirtshaus „Gulasch und eine Flasche vom ausländischen Wein, der so gut war, dass sogar der Kellner seinen Namen nicht aussprechen konnte" (S. 91), zu sich nehmen. Auch ein Nachtisch darf es noch sein, bis dann Anezka ohne weitere Umstände zu Franz sagt: „Und jetzt will ich dich, Burschi!" (Ebd.)

Liebe in der Trafik

Gleich im Verkaufsraum der Trafik kommt es dann zu einer stürmischen Liebesvereinigung, die für Franz das Gefühl bedeutet, „die Dinge der Welt in ihrer unermesslichen Schönheit begreifen zu können" (S. 92). Mitten in der Winternacht tollen die beiden noch durch den Schnee im Freien auf dem Vorplatz. Dort wagt Franz die Frage: „Warum bist du damals weggelaufen im Schweizerhaus?" (S. 93) Anezka reagiert darauf aber nicht mit einer Erklärung, sondern folgendermaßen:

> „‚Nicht so viel reden', sagte sie, ‚lieber noch einmal vögeln.' Sie sagte natürlich nicht ‚vögeln', sondern ‚veegeln', mit einem sehr lang gezogenen, böhmischen ‚e'. Aber Franz verstand sie trotzdem ganz genau." (S. 94)

Nach dieser Begegnung, die ihm die „sexuelle Erlösung" (ebd.) gebracht hat, fühlt sich Franz voller Sehnsucht:

> „Zu kurz war diese eine Nacht gewesen, selbst ein komplettes Leben schien nicht auszureichen, um das Mysterium Frau in seiner ganzen schrecklichen Schönheit begreifen zu können. An den Klippen zum Weiblichen zerschellen selbst die Besten von uns, hatte der Professor gesagt." (Ebd.)

Anezkas Verschwinden

Aber als er am nächsten Abend und dann in der Folgezeit wieder ins gelbe Haus geht, ist Anezka erneut verschwunden. Franz schläft schlecht, träumt wirr und versucht das nach Professor Freuds Rat aufzuschreiben. Es geht ihm schlecht.

Überraschender Besuch

In einer Nacht aber weckt ihn ein Klopfen aus seinem Verschlag hinter dem Verkaufsraum. Als er öffnet, steht Anezka vor ihm. Sie legt sich wortlos ins Bett und schläft mit ihm. Am nächsten Morgen, als er aufwacht, ist sie aber wieder verschwunden.

Im Prater (25–27)

Franz versucht nun Anezka zu vergessen. Aber das bringt er nicht fertig. Selbst noch beim Aufwischen der Tropfen, die der Dackel des Kommerzienrats wie immer hinterlässt, sieht er Anezka vor sich. Da hält er es gar nicht mehr aus und bittet Trsnjek, ihn für diesen Tag zum Arzt zu entlassen.

Das Rätsel um Anezkas Aufenthaltsort

Er geht aber nicht zum Arzt, sondern wieder zum gelben Haus, und wartet dort bis zum Abend. Als er gerade aufgeben will, tritt Anezka heraus. Er folgt ihr heimlich bis zum Prater und dort zu einem schäbigen Verschlag, an dem über einem Vorhang „Zur Grotte" steht, der offenbar eine Art Varieté verbirgt. Franz tritt ein und kommt in einen engen Raum, der in „dunkelgrünes Licht getaucht" (S. 99) ist. Das löst in ihm intensive Rückerinnerungen an seine Jugend am See aus, auf dessen

Grund er oft in die grünliche Welt aus Schilf, Algen und Muscheln abgetaucht ist.

Franz löst eine Eintrittskarte und wird in einen größeren dunkelrot beleuchteten Raum mit runden Tischen und einer kleinen Bühne durchgelassen. Dort tritt ein älterer kleiner Mann im Smoking auf und verbreitet sich über die Zustände in der „lieben Wienerstadt, […] diesem riesengroßen Kindergarten" (S. 102), wobei er die aktuellen Konflikte zwischen Nazis, Sozialdemokraten, Katholiken ins Infantile verfremdet. Fortgesetzt wird diese kabarettistische Szene mit einem parodierten Gebet, aus dem Einschüchterung und Pessimismus unter dem nationalsozialistischen Druck sprechen.

Darbietungen in der „Grotte"

Schließlich tritt dieser Mann in rascher Verwandlung in der Maske Adolf Hitlers auf. Er hält eine Rede „um die Rettung Europas vor der Gefräßigkeit des Bolschewismus, um die Rettung der Welt vor der nimmersatten Gier des internationalen Judentums und so weiter" (S. 104). Franz erlebt das so: „Das alles hatte Schwung und klang außerdem auch noch irgendwie vernünftig." (Ebd.) Jedoch steigert sich der Redner allmählich in ein unmäßiges Wutgebrüll hinein, das kaum mehr zu verstehen ist und von wildem Gefuchtel begleitet wird. Endlich verwandelt er sich auf der Bühne in eine Art Hund:

Hitler-Parodie

> „Der Reichskanzler keifte und geiferte, dass die Spucketröpfchen nur so flogen. Er zog seinen Kopf zwischen die Schultern, mahlte mit dem Kiefer und fletschte die Zähne. Gleichzeitig krümmt er sich zusammen, beugte seinen Oberkörper und ging in die Knie. […] Ein glitzernder Speichelfaden hing von seiner Unterlippe und tropfte auf die Bühnenbretter. Er ließ sich nach vorne fallen, stemmte Knie und Fäuste auf den Boden und starrte mit einem leisen Knurren ins Publikum." (Ebd.)

Da tritt plötzlich ein Mädchen auf, gebietet ihm „Platz!" und führt ihn, der nur noch winselt, mit einem „Braver Adi, lieber Hund!" (S. 104 f.) von der Bühne. Mit einer schwülstigen Rede kündigt nun ein Conférencier eine „Weltsensation von allererstem Rang" (S. 105) an. Zu sehen gebe es jetzt

> „die letzte Überlebende einer […] Welt, in der die Menschheit noch in der ewigen Freiheit der Natur lebte, ganz dem Augenblick hingegeben, ohne Tabus, ohne Schuld und ohne Scham." (S. 105 f.)

Anezka als Indianerin

Als die Angekündigte auftritt, erkennt Franz in ihr – zwar im Kostüm einer Indianerin, mit Perücke und bemaltem Gesicht – seine Anezka. Sie tanzt zur Musik eines Grammofons und gibt den Männern im Raum einiges zu sehen:

> „Jetzt prangte ihr Busen in aller Öffentlichkeit herum. Ein Allgemeingut. Eine Sehenswürdigkeit. Das Schlimmste aber war, dass sie es zu genießen schien." (S. 109)

Franz verlässt fluchtartig das Varieté und geht nach draußen.

Nachdem sich das Publikum verzogen hat, kommt auch Anezka in Begleitung des Conférenciers heraus. Sie nennt ihn Heinzi, auf der Bühne allerdings heißt er „Monsieur de Caballé" (S. 111). Als Franz auf sie zuspringt, zieht dieser ein Messer, lässt sich aber von Anezka beschwichtigen und entfernt sich. Franz ist eifersüchtig:

> „‚Gehörst du zu ihm?' fragte er düster.
> ‚Ich geheer zu keinem. Nicht einmal zu mir selber!'" (S. 112 f.)

Der Abschiedskuss

Nachdem Franz, beleidigt wie er ist, Anezka Geld bietet, „wenn du mir noch einmal deinen Hintern zeigst" (S. 113), und sich gleich darauf entschuldigt, küsst ihn Anezka ruhig auf die Stirn und geht.

Franz schreibt danach seiner Mutter, er habe am Tag zuvor fast den Zug nach Hause genommen, sich aber dann auf seine Verantwortung gegenüber der Trafik, Trsnjek und dem Professor besonnen. Die Mutter schreibt zurück, sie kenne wohl seine Gründe, sei aber stolz darauf, dass er geblieben sei.

Bei Professor Freud (28–30)

Die Szene schwenkt nun in die Berggasse 19 zu Professor Freud. Dort liegt eine Patientin auf der legendären Couch, die Amerikanerin Mrs. Buccleton. Was man zu

Die Patientin auf der Couch

Beginn über sie erfährt (sie ist hysterisch, in mittleren Jahren, unmäßig dick und weinerlich), wirkt zuerst wie eine Aussage des Erzählers. Es richtet sich aber doch vor allem nach dem Blickwinkel Freuds: „Außerdem zahlte sie pünktlich und in Dollar." (S. 116) Freuds Blickwinkel bestimmt nun die weitere Erzählung.

Der alte Professor hört sich die Jammermonologe seiner Patientin geduldig an, wie überliefert hinter dem Kopfende der Couch sitzend, um sich den Anblick der „verzweifelten" oder „von irgendwelchen sonstigen Gefühlen verzerrten" (S. 117) Gesichter zu ersparen.

> „Gerade in letzter Zeit fühlte er sich oft überfordert von den erschöpfenden Stunden mit seinen Patienten und betrachtete ratlos deren Leid, das bei jedem Einzelnen die ganze Welt zu umfassen schien." (Ebd.)

Auf Freuds Frage, ob sie nicht manchmal „so etwas wie Lust" empfinde, antwortet Mrs. Buccleton, die empfinde sie „beim Essen von großen Tortenstücken" (S. 118 f.). Die Therapiestunde endet nach einigem Hin und Her mit Freuds gebieterischem Rat: „Hören Sie auf, Torten zu essen!" (S. 120)

Nachdem Mrs. Buccleton fortgegangen ist, tritt Freud ans Fenster und denkt über die angespannte politische Lage nach, in der die Machtansprüche der Nazis, die in Deutschland schon wüten, auch in Österreich immer unverhüllter hervortreten. Da macht ihn seine Tochter Anna darauf aufmerksam, der „Trafikantenbub" (S. 122) sei wieder vor dem Haus. Freud – im Umgang mit einfacheren Leuten sonst eher unbeholfen – mag diesen Jungen: „Franz war blutjung, des Professors Welt hingegen drohte immer mehr zu vergreisen." (S. 123) Gegen den Protest der besorgten Tochter lässt er sich Mantel und Hut bringen und tritt vor das Haus.

Spaziergang mit Freud und neuerliche Ratschläge

Der Professor und Franz machen nun einen Spaziergang, der über das Rathaus in den Volksgarten führt. Die Gebrechlichkeit des Alten rührt Franz. Das Gespräch der beiden wechselt von Zigarren auf Franzens Bemühungen um das „weibliche Geschlecht" (S. 130). Franz berichtet von dem Erlebnis mit Anezka, vom problematischen Wiedersehen im Varieté und seiner Ratlosigkeit. Von der Unterscheidung zwischen „Liebe" und „Libido" (S. 136), die Freud dem Jungen erklärt, wendet sich das Gespräch zu den, so Franz, „verrückten Weltgeschehnissen" (S. 138). Dafür hat Freud ein düsteres Bild:

> „Das derzeitige Weltgeschehen ist nichts weiter als ein Tumor, ein Geschwür, eine schwärende, stinkende Pestbeule, die bald platzen und ihren ekeligen Inhalt über die gesamte westliche Zivilisation entleeren wird." (Ebd.)

Franz fragt nun noch neugierig nach den Behandlungen, die sich auf Freuds Couch abspielen. Er erhält aber kaum greifbare Auskünfte. Endlich lenkt er aber wieder zurück auf seine eigene Verwirrung:

> „‚[...] Sie haben ja gut reden, Sie haben die Libido längst überwunden, aber ich muss mich noch damit herumschlagen! Meine Hose platzt bald, und ich weiß nicht mehr weiter.'" (S. 140)

Freud verweist ihn aus der Überlegenheit, Distanz und auch Resignation seines Alters zurück auf sich selbst:

> „‚Wir kommen alleine zur Welt, und wir sterben alleine. Doch gegenüber der Einsamkeit, die wir empfinden, wenn wir zum ersten Mal vor einer schönen Frau stehen, wirken Geburt und Tod geradezu wie gesellschaftliche Großereignisse. In den entscheidenden Dingen sind wir von Anfang an auf uns selbst gestellt.'" (S. 140 f.)

Freuds Vorahnung

Mit einer düsteren Vorahnung entfernt sich Freud: „Bald geht die Sonne unter. Und wer kann schon sagen, ob sie jemals wieder aufgeht." (S. 142)

Franz, der dem Professor noch bis zu seinem Haus nachgegangen ist, verabschiedet sich und sinnt dem Eindruck nach, der ihm von der trockenen und zerbrechlichen Greisenhand geblieben ist. Er macht sich dann aber davon frei und stärkt sich in einem Wirtshaus mit Gulasch und Bier.

Naziherrschaft (37–41)

Der Rote Egon

Die politischen Spannungen spitzen sich zu. Der Rote Egon, ein alter Sozialist, lauscht am Radio der neuesten

Entwicklung: Der österreichische Kanzler Schuschnigg ist, von Hitlers erpresserischen Drohungen in die Enge getrieben, zurückgetreten und hat die Truppen angewiesen, bei dem unmittelbar bevorstehenden Einmarsch der deutschen Truppen keine Gegenwehr zu leisten. Als der Rote Egon die sofort einsetzenden Tumulte auf den Straßen Wiens und das triumphierende Hassgebrüll österreichischer Nazis wahrnimmt, greift er eine „zusammengerollte Stoffbahn" (S. 144) aus einem Kasten und steigt auf das Dach des Mietshauses, in dem er wohnt. Er befestigt ein Ende der Stoffbahn am Dachrand und lässt die Rolle über die Regenrinne gleiten, so dass der Stoff auf die Straße hinunterhängt. Als sich Leute mit Hakenkreuzbinden nähern, stürzt er sich in die Tiefe.

Der Selbstmord

Am nächsten Tag liest Trsnjek seinem Lehrbuben Franz aus einer der Zeitungen – sie tragen jetzt fast alle den „beeindruckend abfotografierten Hitler" (S. 146) auf dem Titelblatt – empört einen Artikel vor. Darin wird der demonstrative Selbstmord des Roten Egon als „hinterhältiger Anschlag auf die neue Geistesfreiheit unseres Reiches" verunglimpft und der Inhalt seines Transparents mit „nicht wiederzugebenden Schmierereien" gleichgesetzt. Es ist die Rede von einem „brutalen Angriffsversuch" (S. 146 f.) des Roten Egon. Trsnjek, der den Mann offenbar gekannt hat, weiß, was auf dem Transparent geschrieben stand:

> „DIE FREIHEIT EINES VOLKES BRAUCHT DIE FREIHEIT SEINER HERZEN:
> ES LEBE DIE FREIHEIT! ES LEBE UNSER VOLK! ES LEBE ÖSTERREICH!"
> (S. 148)

In der Nacht schläft Franz nur schwer ein. Er macht sich seine Gedanken über die Zeitungen. „Die Wahrheit der Morgenausgabe ist praktisch die Lüge der Abendausgabe, dachte er [...]" (S. 149). Er gleitet dann hinüber in einen Traum, diesmal von einem Flug über den Attersee. Nach dem Erwachen schreibt er alles auf, so wie er sich das seit dem Ratschlag des Professors angewöhnt hat: „Eigentlich tat er das nur dem Professor zuliebe [...]" (S. 150). Als er gerade wieder am Einschlafen ist, hört er ein „Krachen und Splittern" (S. 151) vom Verkaufsraum her:

Zeitungswahrheiten

> „Die Auslage war eingeschlagen, die Tür hing schief in ihren Angeln, von den Rahmen ragten lange Splitter in den Raum. Der Boden war übersät von Glassplittern, zwei umgekippte Zeitungsständer lagen quer übereinander, überall verstreut waren Zeitungen, Zigarrenkisten, Tabakschachteln, offene Bleistiftdosen und einzelne Zigaretten." (S. 151 f.)

Anschlag auf die Trafik

Außen ist die Trafik beschmiert, und zudem liegen auf der Theke blutige Innereien von Tieren und sogar ein abgeschlagener Hühnerkopf.

Als Trsnjek am Morgen kommt, betrachtet er die Verwüstung seines Ladens, an dem außen noch die Aufschrift „HIER KAUFT DER JUD" (S. 152) prangt. Mit Franz zusammen säubert er dann einige Stunden lang die Trafik und schafft die zerstörten Waren in den Hinterhof zum Müll. Dann schickt er Franz erst einmal weg – „‚Zum Glasermeister gehen wir später', sagte er dann, ‚jetzt holst du uns erst einmal zwei Bier!'" (S. 153)

Während Trsnjek und Franz Bier trinken, kommen Passanten an der demolierten Trafik vorbei – kaum einer aber blickt hin oder hält an. „Auf der anderen Straßenseite ging eilig Frau Dr. Dr. Heinzl vorüber. Sie schien sehr auf ihren Weg konzentriert, hatte jedenfalls keinen Blick für die Trafik." (S. 154) Dann hält ein Wagen, aus dem Männer in grauen Anzügen steigen. Sie verschaffen sich mit Gewalt Eintritt und erklären Trsnjek „wegen Besitz und Verbreitung pornografischer Druckerzeugnisse" (S. 155) für verhaftet. Aus der Schublade hinter der Theke zieht einer von ihnen „den schmalen Stoß ‚Zärtlicher Magazine' heraus" (ebd.). Franz versucht sich selbst erfolglos als Besitzer der Magazine hinzustellen. Trsnjek wird ohne weitere Gegenwehr in den Wagen gesteckt und weggebracht, Franz bleibt zurück. Er nimmt wahr, dass der Fleischer Roßhuber an seiner Ladentür „mit vor der Blutschürze verschränkten Armen und einem gekräuselten Lächeln" (S. 159) den Vorgang beobachtet hat. Als dann der erste Kunde erscheint, bedient ihn Franz wie immer.

Trsnjeks Verhaftung

Mit den neuen Schaufensterscheiben, die Franz bestellt hat und die auch umgehend geliefert worden sind, fällt nun „mehr als nur schummriges Dämmerlicht" (S. 160) in die Trafik. Franz besorgt sich weiße Farbe und streicht Decke, Wände und Regale. Auch die übrige Einrichtung der Trafik bringt er in Ordnung. Dann schreibt er an seine Mutter, und zwar erstmals einen verschlossenen und ausführlichen Brief. Er schildert das frühlingshafte Wien – *„aus jedem liegengebliebenen Pferdeapfel sprießt ein Maiglöckerl“* (S. 162) – und in vorsichtiger Allgemeinheit die Orientierungslosigkeit der Leute infolge der politischen Entwicklung. Auch die eigene Verwirrung durch die Liebe spricht er an. Seine Verbindung mit dem Professor stellt er als Freundschaft fast unter gleichrangigen Personen dar:

Aufräumarbeiten

> *„Wir sitzen auf der Bank, gehen in den Park und reden allerhand. Er raucht. Ich nicht. Ich frage ihn dies und das. Und er fragt mich dieses und jenes. Zwar wissen wir beide oft keine Antworten, aber das ist egal.“ (S. 163)*

Dass Trsnjeks verhaftet worden ist, teilt Franz der Mutter nicht mit. Er schreibt nur, der Trafikant sei krank geworden. Er, Franz, trage jetzt *„wegen Otto Trsnjeks Abwesenheit ab sofort die vorübergehende Verantwortung eines geschäftsführenden Trafikanten“* (S. 164).

Verschleierung der Geschehnisse

Trafik und Träume (37–41)

In der Folgezeit gehen die Geschäfte in der Trafik zurück. Die jüdischen Kunden bleiben aus. Aber auch die meisten anderen Kunden bleiben der Trafik fern, „die ja angeblich ‚Zärtliche Magazine‘ an Juden verkauft hatte und jetzt von irgend so einem komischen Waldbauernbub geführt wurde“ (S. 165). Wer noch kommt, trägt häufig braune Hemden, Kurzhaarschnitt und Hakenkreuzembleme:

Veränderungen in der Kundschaft

> „Außerdem hatten sie ein seltsames Leuchten in den Augen. Ein irgendwie zuversichtliches oder hoffnungsfrohes oder beseeltes, im Grunde genommen aber auch ein eher dümmliches Leuchten […].“ (Ebd.)

Franz selbst liest nun kaum noch Zeitungen, weil sich deren Artikel nur noch in einzelnen Formulierungen unterscheiden, aber durchweg gleiche Inhalte und Meinungen verbreiten. Franz erlebt sie als „ganz vernarrt und blöd nach diesem zackigen Mann mit dem Rauhaarbärtchen“ (S. 166). Vor allem aber plagt ihn die Erinnerung an Anezka, deren Namen er „mit Otto Trsnjeks teuerster Tinte“ (S. 167) auf Papier schreibt, schließlich sogar auf seine Handfläche, dann auf alle einzelnen Finger und den Arm bis zur Schulter.

Veränderungen am Attersee

An einem Morgen kommt der altgediente Briefträger Pfründner in die Trafik. Neben allerhand Prospekten bringt er Franz einen Brief seiner Mutter. Franz öffnet ihn in seiner Kammer. Die Mutter beschreibt darin, was sich am Attersee alles geändert hat:

> *„Drüben haben sie große Hakenkreuzfahnen ins Ufer gepflanzt. Die spiegeln sich im Wasser und sehen ganz akkurat aus. Überhaupt sind alle auf einmal ganz akkurat und rennen mit wichtigen Gesichtern herum. Stell Dir vor, sogar im Wirtshaus und in der Schule hängt jetzt der Hitler. Direkt neben dem Jesus.“* (S. 168)

Der Bürgermeister, schreibt sie weiter, sei jetzt auch Nazi und fahre mit dem beschlagnahmten Auto herum, auf das Preininger so stolz gewesen war. Sie selbst habe Arbeit in einer Gaststätte gefunden. Zwar sei der Wirt einmal zudringlich geworden, aber mit dem Hinweis auf einen (gar nicht existierenden) befreundeten Obersturmbannführer habe sie ihn auf Distanz gehalten. Die Freundschaft mit Freud, schreibt die Mutter weiter, sei ihr etwas unheimlich. Sie deutet an, dass sie Schwierigkeiten befürchtet, weil der Professor Jude ist.

Und auch zu Franzens Liebesnöten weiß die Mutter kaum Rat:

Ratlosigkeit der Mutter

> *„Du fragst mich, ob ich irgendetwas über die Liebe weiß. Die Wahrheit ist: Ich weiß nichts darüber. Obwohl ich sie kennengelernt habe. Keiner weiß etwas über die Liebe.“* (S. 170)

Dann beschließt noch die übliche Müttersorge den ungewohnt ausführlichen und herzlichen Brief – ob Franz denn auch genug esse …? Franz macht sich bewusst, dass unter dem Brief, an dem er alle vertrauten Gerüche des Attersees wahrnimmt, erstmals *„Deine Mutter“* steht, und er deutet das so: „Kinder haben Mamas, Männer haben Mütter.“ (S. 172)

In der folgenden Nacht träumt Franz von seinem verstorbenen Vater (der hier erstmals erwähnt wird). Mit ihm sieht er sich in eine gespenstisch bürokratische Aktion mit unheilvollem Ende verwickelt. Er schreibt den Traum auf und denkt darüber nach, kann ihm aber keinen greifbaren Sinn abgewinnen. Auch darüber sprechen kann er nicht, da weder Anezka noch Trsnjek, noch der Professor zur Verfügung stehen und auch die spärliche Kundschaft dafür nicht in Frage kommt. Da klebt Franz seine Niederschrift des Traums außen an die Schaufensterscheibe.

Erste Traumnotiz im Schaufenster

Nun lesen Passanten den Anschlag, wirken aber rat- und verständnislos. Nur ein Arbeiter kommt herein und fragt nach dem Sinn der „komischen Schmiererei". Den kann ihm Franz nicht erklären, meint aber, „vielleicht könne so ein […] Traumzettel irgendwann doch bei einem zufällig vorbeikommenden Betrachter etwas bewirken oder bewegen, man wisse nie" (S. 177 f.). Immerhin kauft der Arbeiter einige Kleinwaren.

Reaktionen

In der Folge bringt Franz jeden Morgen neue Traumnotizen an der Scheibe an. Die Passanten reagieren erneut ratlos, teils auch empört, selten nachdenklich. Ein Traum, der ein Mädchen auf dem Riesenrad im Prater zeigt und mit der Zerstörung Wiens endet, lockt immerhin die vorsichtige Frau Dr. Dr. Heinzl an:

Neue Träume

> „Im Prater geht ein Mädchen, es steigt ins Riesenrad, überall blitzen Hakenkreuze, das Mädchen steigt immer höher, plötzlich brechen die Wurzeln, und das Riesenrad rollt über die Stadt und walzt alles nieder, das Mädchen juchzt, und sein Kleid ist leicht und weiß wie ein Wolkenfetzen." (S. 180)

Vom Metropol zum Kahlenberg (42–45)

Es folgt nun ein Rückgriff auf Franz' Bemühungen, nach dem verhafteten Trsnjek zu sehen. Dazu hat ihn bereits nach einer Woche die Polizei an das frühere Hotel Metropol verwiesen, in dem sich jetzt die zuständige Dienststelle der Geheimen Staatspolizei befindet. Franz fragt dort herausfordernd nach dem „unschuldigen, nichtsdestotrotz aber mitgenommenen oder verhafteten oder verschleppten“ (S. 181 f.) Trsnjek. Als er abgewiesen wird, kommt er jeden Tag um die Mittagszeit zurück und erneuert hartnäckig seine Frage. Nach einigen Tagen setzt ihn dann ein vom Portier verständigter Mann mit „Oberlippenbärtchen“ (S. 184) unsanft an die Luft, wobei er nicht nur das Bewusstsein, sondern auch einen Schneidezahn verliert.

Franzens Erkundigungen

Der Erzähler berichtet nun, was – beginnend drei Wochen später – der Frühsommer in Wien mit sich bringt. Das reicht von der Belebung der Natur und des Verkehrs über die gewohnten Beschäftigungen der Menschen bis zu den Vorgängen im Keller der Gestapo-Dienststelle im Hotel Metropol. Dort müssen sich „fünfzehn jüdische Geschäftsleute nackt ausziehen und auf die Abholung zum Einzelverhör warten“ (S. 186). Am Wiener Westbahnhof sitzen viele weitere politische Häftlinge zusammengedrängt im Waggon eines Sonderzugs, der sie zum Konzentrationslager Dachau bringen wird.

Neue Ereignisse

Zur gleichen Zeit erreicht der Briefträger Pfründner das Haus von Professor Freud in der Berggasse. Die Post wird allerdings vor dem Haus zuerst von dort wartenden Zivilisten durchgesehen und teils zurückbehalten. Als Pfründner dann vor die Trafik in der Währingerstraße kommt, sieht er, wie der junge Trafikant Franz gerade heraustritt und einen Zettel an die Scheibe klebt.

Auf dessen Erleben schwenkt die Darstellung jetzt über, auf seine Schmerzen vom ausgeschlagenen Zahn und seine Erinnerung an Anezka und ihre reizende Zahnlücke. Der Briefträger übergibt ihm seine Post, „heute sogar ein behördliches Packerl!“ (S. 190) Franz zieht sich damit in die Trafik zurück. Das Päckchen enthält ein Schreiben, das „[d]er Inspekteur der Sicherheitspolizei“ (S. 191) schickt und das in unbewegt amtlichem Ton mitteilt, der Beschuldigte Otto Trsnjek sei an einem „nicht näher zu bestimmenden Herzleiden“ verstorben. Franz Huchel werde zur „vorläufigen Geschäftsführung der Tabaktrafik“ (S. 192) ermächtigt. Das Päckchen enthält ferner die wenigen „anfallenden persönlichen Wertsachen“ Trsnjeks. Darunter ist auch „1 Hose (beschädigt)“ (ebd.), wie der Brief in einer Liste vermerkt. Franz verstaut die

Trsnjeks Tod

wenigen Gegenstände, zieht sich in sein Kämmerchen zurück und weint.

Vor Geschäftsschluss nimmt Franz die Hose und geht in die Fleischerei, wo Roßhuber und seine Frau wie immer in blutigen Fleisch- und Fettstücken wühlen. Franz legt ihnen die Hose vor: „Die hat dem Otto Trsnjek gehört. Jetzt ist er tot.“ (S. 194) Der Fleischermeister und seine Frau reagieren auf Franzens Anschuldigung, sie hätten Trsnjek verraten, hilflos und schockiert. Da schlägt Franz den Fleischer ins Gesicht, ohne dass dieser sich wehrt. In einem neuen Brief an die Mutter teilt Franz ihr mit, Trsnjek sei den Herztod gestorben: *„Ganz friedlich ist er eingeschlafen. Und zwar im Burgenland, dort wo er herkommt.“* (S. 196)

Rache für einen Verrat

Auf dem Kahlenberg, der Anhöhe am Stadtrand, von der man ganz Wien überblicken kann, versucht Franz am Abend Abstand von den letzten bedrängenden Ereignissen zu gewinnen. Vorher hat er „HERRN OTTO TRSNJEKS LETZTE DINGE“ (S. 198) verwahrt, Kunden bedient und die Tagesabrechnung gemacht. Zum ersten Mal hat er auch wieder Zeitungen gelesen – „So viel Aufregung, so viel gedrucktes Geschrei.“ (S. 199) Widerstreitende Eindrücke lassen sich dem entnehmen:

Abstand von den bestürzenden Ereignissen

> „Staatsfeindliches Vermögen von Kommunisten und Querdenkern wurde beschlagnahmt – aber war das nicht nur gerecht? Jüdische Besitztümer wurden eingezogen, ihre Geschäfte geschlossen und von braven Bürgerinnen und Bürgern weitergeführt – aber waren das nicht einfach nur längst überfällige Maßnahmen zur Aufrechterhaltung der öffentlichen Sicherheit und Ordnung in unserer gemütlichen Wienerstadt? In unserem duldsamen, gottgeliebten Staate Österreich? Es geht ja voran! Es ist ja was los!“ (S. 200)

Beim Blick über die Stadt und ihr chaotisches Treiben fühlt Franz plötzlich brennende Schmerzen von der Hand bis zu den Schultern, wo er mit Tinte vielfach den Namen Anezkas eingeschrieben hat. Da lässt er den Kahlenberg hinter sich und läuft, so schnell er kann, in die Stadt zurück.

Abschied von Anezka und Freud (46–50)

Schmutzig und atemlos kommt Franz zum Prater und dort im Varieté an, wo es keine kritischen Auftritte mehr gibt. Es werden jetzt Judenwitze belacht. Mehrere SS-Leute sitzen im Publikum. Anezkas Auftritt ist vorüber; Franz trifft sie hinter der Bühne beim Abschminken an. Er erfährt, dass der Conférencier Heinzi – der die satirische Nummer über Hitler gezeigt hat – inzwischen von der Gestapo abgeholt worden ist. Dann tritt Franz auf Anezka zu:

> „‚Anezka, ich versteh es ja selber nicht, alle sind verrückt geworden, die Leute schmeißen sich von den Dächern, […] ich weiß nicht, ob du mich noch willst, und ich weiß nicht, ob ich dich noch will, das ist jetzt auch egal, draußen sitzt die SS und klingelt mit den Sporen, aber vielleicht können wir weggehen, wir beide zusammen, mein ich, irgendwohin wo es ruhig ist, nach Böhmen von mir aus, oder ins Salzkammergut, die Mama hätt bestimmt nichts dagegen, ich könnte eine Trafik aufmachen, und wir könnten heiraten, einfach so, weil dem lieben Gott ist das sowieso egal, und du wärst dann eine ...'" (S. 206)

Anezka und der SS-Mann

Da tritt einer der SS-Männer herein. Franz überwindet seine Verwirrung und teilt ihm umständlich mit, er möge ihn und „dieses böhmische Mädchen", das eine „Künstlerin" (S. 207) sei, in Ruhe lassen oder, wenn es sein müsse, ihn mitnehmen. Der SS-Mann reagiert nicht, wohl aber Anezka:

> „Sie seufzte, schien kurz zu überlegen, blies sich eine verirrte Haarsträhne aus der Stirn und seufzte noch einmal. Dann trat sie an ihn heran, umfasste mit beiden Armen seinen Oberkörper, schmiegte sich an ihn und legte ihre Wange an seine Schulter, genau an die Stelle, wo zwei dicke, weiße Kordeln von den Schulterklappen herunterbaumelten.
> ‚Ach so ist das', sagte Franz nach einer Weile. Anezka blinzelte träge.
> ‚Ja, so ist das', antwortete sie." (S. 208)

Da verlässt Franz das Varieté, während hinter ihm der Beifall des Publikums zu hören ist.

Der Briefträger Pfründner ist unterwegs und trägt die Post aus. Dabei kommt er von der Berggasse zur Trafik in der Währingerstraße und denkt über die Veränderungen der letzten Zeit nach: über den Führer Hitler, der „trotz der ganzen Deutschtümelei“ eben doch ein „waschechter Oberösterreicher“ ist und schon den rechten Weg wissen wird; sonst „wäre er schließlich kein Führer“ (S. 209 f.). Dann über „diese Geschichten mit den Juden“; ob es „nicht eigentlich doch ein bisschen eine Sauerei“ ist, wie sie jetzt behandelt werden. Und schließlich über „diese ungute Sache mit den Briefen“ (S. 210), die, wie es heißt, vor der Zustellung überprüft und geöffnet werden. In der Trafik teilt er dann Franz die Neuigkeit mit, dass Professor Freud offenbar am nächsten Tag das Land verlassen will, bevor es „endgültig ungemütlich“ (S. 212) für die Juden wird.

Nachrichten über Freud

Franz sucht drei erlesene Zigarren heraus und will sie zum Professor bringen. Aber die zivilen Kontrolleure vor Freuds Wohnsitz weisen ihn ab. In der Deckung eines vorfahrenden Wagens gelingt es Franz dann doch, über die Kohlenrutsche ins Haus zu gelangen. Da er ganz mit Ruß beschmutzt ist, gibt ihm Freuds Tochter Anna eine „Frauenhose, etwas weit an den Hüften, etwas eng an den Waden“ (S. 217).

Letzter Besuch beim Professor

Den Professor trifft er dann hingestreckt auf der Couch an, die eigentlich für seine Patienten gedacht ist. Freud nimmt die Zigarren an und verleitet Franz dazu, mitzurauchen, wobei Franz Anwandlungen von Schwindel überwinden muss. Er spricht zu Freud über seine Erlebnisse mit Anezka, über seine Traumnotizen, über Trsnjek und über die zukünftige, von ihm erhoffte Rückkehr Freuds nach Wien. Als er dann feststellt, dass der hinfällige Professor eingeschlafen ist, breitet er eine Decke über ihn und verlässt das Zimmer.

Freuds Abreise

Wieder wechselt die Erzählperspektive zu Freud und seiner Familie, die sich am 4. Juni 1938 auf den Weg zum Orientexpress und damit zum Exil in England machen. Das geschieht, nachdem er die „Reichsfluchtsteuer, fast ein Drittel des gesamten Familienvermögens“ (S. 230) bezahlt hat. Betrieben und organisiert hat das Freuds energische Tochter Anna. Sie trennt sich von der Stadt Wien leichter als ihre Mutter, der die Tränen kommen und die der Stadt ebenso wie der Professor selbst in Hassliebe verbunden ist. Beim Einsteigen auf dem Westbahnhof bemerkt Anna, dass an der Wand der Ankunftshalle der junge Trafikant steht.

Franz auf dem Bahnsteig

Franz selbst hat sich gefasst, nachdem ihn beim beobachteten, aber ungehinderten Weggang aus Freuds Haus Übelkeit und Unterleibschmerzen befallen und in der Nacht unheimliche Träume geplagt haben. Auf dem Westbahnhof beobachtet er die Abreise der Familie Freud, wobei ihm die tiefe Betroffenheit des Professors und die Fürsorglichkeit seiner Tochter ins Auge fallen. Franz denkt nun zurück an seine Ankunft in Wien und muss

> „über sich selbst lachen, über diesen komischen Buben, der hier seinerzeit an der Laterne gehangen hatte, mit dem harzigen Waldgeruch in den Haaren, einem Batzen Dreck an den Schuhen und ein paar verdrehten Hoffnungen hinter der Stirn." (S. 236)

Nun ist das alles Erinnerung, die Stadt riecht zwar noch wie sonst, aber viel hat sich verändert, Trsnjek und der Professor sind nicht mehr da, die Hakenkreuzfahnen flattern im Wind. Da muss Franz an eine Äußerung Freuds denken:

> „Vielleicht könne man da und dort ein Zeichen setzen, hatte der Professor gesagt, ein kleines Licht in der Dunkelheit, mehr könne man nicht erwarten. Aber auch nicht weniger, dachte Franz und hätte fast laut aufgelacht." (S. 237)

Die Hose als Fahne – Verhaftung und Ende (51–54)

Die Augenzeugin

Erneut wechselt nun die Erzählperspektive: Es spricht jetzt eine offenbar weibliche Person, die gerade in einem Geschäft verschiedene Lebensmittel einkauft. Dabei gibt sie weitläufige Betrachtungen von sich und kommt dann auf eine Beobachtung zu sprechen, die sie und andere in der letzten Nacht gemacht haben:

> „Zwischen drei und vier ist es passiert. Und es war nur einer. Eine Person allein. Natürlich ein Mann, weil nämlich eine Frau auf eine derartige Hirnrissigkeit nicht einmal eine einzige Sekunde verschwenden würde. […] Wie der Blitz soll der angeblich vom Morzinplatz herunter und die Berggasse hinaufgeschossen sein, nachdem alles vorbei war. Ein verwegener Bursch. Aber auch ein bisserl deppert, wenn Sie mich fragen." (S. 239)

Die erwähnte Person hat demnach das mittlere der drei Hakenkreuzbanner vor dem Hotel Metropol von dem Mast herabgeholt und dafür ein mitgebrachtes Stück Stoff aufgezogen! Und dabei handelte es sich um „eine braune Herrenhose mit Bundfalten, ein bisserl zerknittert, ein bisserl ausgebeult […]. Eine einbeinige Hose war das. Das andere Hosenbein war ungefähr auf Kniehöhe abgeschnürt." (S. 241 f.) Darüber sei dann am Morgen große Aufregung entstanden, so dass man die Hose längere Zeit nicht heruntergeholt habe, während zugleich ein Wind aufgekommen sei:

> „Eine Weile ist die Hose einfach so herumgeflattert, aber dann, ganz plötzlich, ist sie stillgestanden, ist praktisch waagrecht in der Luft gelegen. Und für einen kurzen Augenblick hat dieses braune, zerknitterte und schon ein bisserl ausgebeulte Hosenbein dort oben im Himmel ausgesehen wie ein Zeigefinger." (S. 242)

Unruhe der Mutter

Erneut folgt ein Perspektiven- und Szenenwechsel: Franzens Mutter liegt wach und macht sich Sorgen. Eine merkwürdige Unruhe hat sie ergriffen. Sie hat ihre Arbeit im Wirtshaus verloren. Der Wirt hat jetzt die Sache mit dem erfundenen Obersturmbannführer durchschaut und sie erneut bedrängt, worauf sie ihn sich nur noch mit einem großen Küchenmesser vom Leib halten konnte. Vor allem aber macht sich Frau Huchel Sorgen um ihren Sohn: „Wo bist du, mein Bub?" (S. 244)

Franz selbst schreibt noch einmal nach einer allzu kurzen Nacht auf, was er geträumt hat. Als er den Zettel ans Schaufenster klebt, fährt ein dunkler Wagen vor. Drei Männer steigen aus und machen Anstalten, ihn festzunehmen. Als Franz sich weiter mit dem Ankleben seines Zettels beschäftigt, sich die Anrede „Burschi" verbittet und darauf besteht, dass er Franz heiße, sagt einer der

Franzens Verhaftung

Männer: „Wir machen da keine Unterschiede. Im Hotel Metropol sind alle Gäste gleich. Also gehen wir jetzt, oder muss ich erst grantig werden?“ (S. 246 f.) Da schließt Franz die Trafik ab und steigt in den Wagen.

Anezka und die nahenden Bomber

Der letzte Abschnitt des Romans spielt sieben Jahre später, in der Endphase des Kriegs am 12. März 1945, dem Tag des verheerenden Luftangriffs auf Wien. Über der Stadt liegt eine große Stille, kaum jemand lässt sich in den Straßen sehen. Da kommt über die Währingerstraße eine junge Frau in einer „viel zu großen Männerjacke“ (S. 248). Es ist Anezka. Sie gelangt zu der Trafik, die leer ist und verfallen wirkt. Sie versucht durch die Scheibe zu schauen und entdeckt einen Zettel mit einem unvollständigen handgeschriebenen Text, der ein Datum vom Sommer 1938 trägt. Sie steckt den Zettel ein und entfernt sich schnell. Währenddessen ist

> „der Himmel längst erfüllt vom rasch anschwellenden Motorengeräusch der alliierten Bomberverbände, die sich wie ein riesiger, dunkler Schwarm von Westen her näherten und die Stadt in Schatten legten.“ (S. 250)

2 Analyse und Interpretation

Schauplätze

KURZINFO

Konzentration auf wenige Schauplätze am Attersee und in Wien

- Franz Huchel ist am Attersee im Salzkammergut aufgewachsen.
- Dort ist das Leben von provinzieller Enge und harter Arbeit geprägt.
- Die Hauptstadt Wien wirkt auf Franz zunächst wie ein bestürzendes Chaos.
- Die Trafik erscheint ihm dagegen als friedlicher Rückzugsraum.
- Seine Liebe zu Anezka führt ihn in den Wiener Prater.
- Im Hotel Metropol erfährt Franz die Unrechtsherrschaft.
- Auf dem Kahlenberg gewinnt er vorübergehend Abstand.

Nußdorf am Attersee

Die Handlung nimmt ihren Ausgang in Nußdorf am Attersee im Salzkammergut. Der Roman begleitet dann die jugendliche Hauptfigur nach Wien, wo sich alle entscheidenden Ereignisse abspielen. Doch nicht nur in der Hauptstadt, sondern auch am Attersee werden die sich aufgrund der politischen Umwälzung wandelnden Verhältnisse immer wieder registriert. Das geschieht durch die Nachrichten und zuletzt ausführlichen Briefe von Frau Huchel. Darin kommt genau wie in den Schilderungen vor Franzens Übersiedlung die Enge und Perspektivlosigkeit der dörflichen Welt zum Ausdruck. Diese ist weit entfernt von der verlogenen Idyllisierung etwa des populären Lieds „Im Salzkammergut, / da ka' mer gut / lustig sein" aus Ralph Benatzkys Operette *Im weißen Rößl* (1930). Vielmehr ist sie durch harte Arbeit und kärgliche Lebensbedingungen geprägt. Daran ändern auch die Touristen – damals werden sie „Sommerfrischler" (S. 15) genannt – nichts, die es immerhin gibt, ebenso wie einen „Ausflugsdampfer" (S. 10) auf dem Attersee.

Beengte Verhältnisse

Franz Huchels Mutter und ihr Sohn fristen ihr Dasein in einer kleinen, nicht einmal regensicheren Fischerhütte. Einen männlichen Ernährer der beiden gibt es nicht. Erst später im Roman erfährt man, dass Franzens Vater noch vor einer möglichen festen Bindung durch Unfall ums Leben gekommen ist. Frau Huchel, allein erziehend in einer Zeit, in der das keineswegs normal ist, gehört dennoch nicht zu den Ärmsten. Das liegt an einem intimen Verhältnis, das sie pflegt. In der ländlichen Enge gibt es nämlich auch den Provinzfürsten Preininger, der sich mit praller Lebenslust nimmt, was er bekommen kann. Das gilt für den Besitz, aber auch für die Frauen. Immer wieder hat er erotische Zusammenkünfte mit Frau Huchel. Er hält sie und ihren Sohn durch großzügige Zuwendungen über Wasser und ermöglicht ihr sogar bescheidene Genüsse wie ab und zu eine Fahrt „mit dem Bus nach Bad Ischl" (S. 11). Erst sein Tod gibt den Anstoß dazu, dass Franz sich nach Wien aufmacht.

Wien

Damit wird Franz in eine völlig neue, zunächst als chaotisch, abstoßend und bedrohlich erfahrene Welt gestoßen. Kunstvoll wird das Bild der Großstadt aus der Sicht von Franz und daher ausgehend von seinem bisherigen Erleben entworfen:

> „Die Stadt brodelte wie der Gemüsetopf auf Mutters Herd. Alles war in ununterbrochener Bewegung, selbst die Mauern und die Straßen schienen zu leben, atmeten, wölbten sich. Es war, als könnte man das Ächzen der Pflastersteine und das Knirschen der Ziegel hören. Überhaupt der Lärm: Ein unaufhörliches Brausen lag in der Luft, ein unfassbares Durcheinander von Tönen, Klängen und Rhythmen, die sich ablösten, ineinanderflossen, sich gegenseitig übertönten, überschrien, überbrüllten. Dazu das Licht. Überall ein Flimmern, Glänzen, Blitzen und Leuchten […]." (S. 20)

Währingerstraße

Mit der Ankunft in der engen, aber bald vertrauten Kleinwelt der Trafik in der Währingerstraße im 9. Bezirk gewinnt Franz wieder seine Orientierung zurück. Hier gibt es eine überschaubare Nachbarschaft und eine Reihe von Stammkunden, die regelmäßig in der Trafik einkaufen. In der unmittelbaren Umgebung ist auch das Haus des berühmten Professors Freud, das Franz mehrfach aufsucht.

Bleibt Franzens Horizont zunächst auf diesen kleinen Ausschnitt der großen Stadt beschränkt, so führen ihn die weiteren Stationen der Handlung in – freilich wenige – neue Viertel. Der Roman bindet sich fast durchgehend an die Erlebniswelt seiner Hauptfigur. Daher kommen die meisten weltberühmten Attraktionen Wiens gar nicht vor oder werden allenfalls im Überblick (vgl. S. 201) erwähnt, etwa der Stephansdom und die anderen Kirchen, die Oper, die Hofburg, die Hofreitschule. Für Franz, der ja keine Stadterkundungen unternimmt, spielen sie keine Rolle. Für ihn werden andere Orte wichtig.

Der Prater

Da ist vor allem der Prater, der große und berühmte, schon seit dem 18. Jahrhundert für die Öffentlichkeit freigegebene Park im 2. Bezirk mit seiner verwirrenden Fülle von volkstümlichen Attraktionen. Im Westen der Stadt in den Donauauen der Wiener Leopoldstadt gelegen, bietet der Prater im engeren Sinn, der sogenannte „Wurstelprater“, traditionelle Altwiener Vergnügungen. In chaotischem Nebeneinander gab es bis in die Zeit des Romans das „Ringelspiel“ (ein Karussell, auf dem man während der Fahrt mit Stangen nach herabhängenden Ringen schlagen konnte), die vier Kilometer lange Liliputbahn, Wurstbratereien, Schau- und Schießbuden, eine Geisterbahn, Feuerschlucker, Tierbändiger, Weinlokale und Kabarettdarbietungen mit leichtgeschürzten Damen, Akrobatik, aber auch politischer Satire.

Das Menschengewühl, in dem Vergnügungssucht bis hin zur Prostitution und menschliche Konflikte aller Art nebeneinander vertreten waren, diente vielen Literaten als Schauplatz ihrer Erzählwerke, etwa Stefan Zweig (*Praterfrühling*, 1900; *Phantastische Nacht*, 1922), Robert Musil (*Prater*, 1931), in einzelnen Dramenszenen auch Arthur Schnitzler (*Reigen*, 1900) und Karl Kraus (*Die letzten Tage der Menschheit*, 1919). Zuletzt gibt auch Elfriede Jelinek (*Die Klavierspielerin*, 1983) ein kritisches Bild des Praters. Dort drängen sich heute neben den traditionellen Spielen besonders technische und elektronische Vergnügungsangebote in den Vordergrund. Hauptattraktion bleibt jedoch das weltberühmte, 65 Meter hohe Riesenrad, das auch für den Trafikantenlehrling Franz Huchel in der (erzählten) Realität und in seinen Träumen bedeutsam wird.

Ein weiterer Ort in Wien, dem in *Der Trafikant* eine bedeutungsschwere Rolle zukommt, ist das Hotel Metro-

Das Hotel Metropol

pol (auch: Métropole). Es entstand 1873 als repräsentativer und prunkvoller Bau am Morzinplatz (9. Bezirk). Zu einem Ort des Grauens geriet es, als es die Gestapo nach dem „Anschluss" Österreichs 1938 zur Befehlszentrale und zu ihrem Hauptquartier machte. Noch während des deutschen Einmarschs hatte es Heydrich, der berüchtigte Chef der Deutschen Sicherheitspolizei, persönlich beschlagnahmt. Über tausend Polizisten und SS-Funktionäre führten dort bis in die Endphase des Zweiten Weltkriegs ein Schreckensregiment. Verhöre und brutale Folterungen fanden jahrelang täglich statt, viele Inhaftierte wurden dort gefangen gehalten und in den Kellerräumen über lange Zeit gequält. Als Schauplatz eines solchen Schicksals bezieht Stefan Zweig in der *Schachnovelle* (1941) das Hotel Metropol in die Handlung ein. Am 12. März 1945 – dem Tag, an dem die Handlung des Romans *Der Trafikant* endet – zerstörten alliierte Flugzeuge den Bau bei dem verheerenden Großangriff auf Wien. In der Nachkriegszeit wurde das Hotel Metropol dann abgerissen.

Beschädigtes Hotel Metropol (Sitz der Gestapo) am Morzinplatz. Fotografie von 1945 oder 1946.

Der Kahlenberg

Schließlich zieht es Franz Huchel im Roman – nach der gewaltsamen Abfertigung im Hotel Metropol und der Nachricht von Trsnjeks Tod – an einen Ort, der ihm zu einer gewissen Distanz von den bedrängenden Erlebnissen verhilft: Es ist der Kahlenberg im Wiener Wald, nordöstlich vor der Stadt gelegen, 484 Meter hoch und eines der beliebtesten Ausflugsziele der Wiener. An klaren Tagen hat man von hier aus einen eindrucksvollen Überblick über die ganze Stadt bis hin zur Donau und darüber hinaus. Franz Huchel gewinnt hier, wo er alle Schauplätze der letzten Geschehnisse als kleine Punkte sehen oder vermuten kann, Abstand:

> „Franz blickte über die Stadt. Die Sonne stand tief, die Dächer glänzten, hie und da blitzte ein verirrter Sonnenstrahl herauf, und die Donau wand sich silbrig zwischen den Häusern und verschwand in den weiten, dunklen Auen. Dort irgendwo musste die Trafik liegen. Daneben die Votivkirche. Der Morzinplatz. Die Oper. Der Prater mit dem Riesenrad. […] Was sollte man noch denken, an einem solchen Tag, in solchen Zeiten, alleine auf einem Berg, der gar kein Berg war, ein paar rote Käfer und eine verrückt gewordene Stadt zu Füßen?" (S. 201)

Zeithintergrund

KURZINFO

Entwicklung Österreichs vom Habsburgerreich bis zum „Anschluss" an das nationalsozialistische Deutschland

- 1918: Ende des Ersten Weltkriegs und Auflösung der Habsburger Donaumonarchie
- 1918–1921: Bestrebungen mit dem Ziel einer Angliederung „Deutschösterreichs" an Deutschland; deren Scheitern am Widerstand der Siegermächte
- 1927: Aufruhr und Generalstreik in Wien
- 1933: Staatsstreich des Bundeskanzlers Engelbert Dollfuß; „austrofaschistische Diktatur" gegen die wachsende Macht der Nationalsozialisten
- 1934: Nationalsozialistischer Putsch, Straßenkämpfe in Wien, Ermordung von Dollfuß; Kurt Schuschnigg als neuer Bundeskanzler
- 1938: Neue Spannungen; unter Druck Zusage Schuschniggs an Hitler für eine Amnestierung straffälliger Nazis; nach Unruhen Ultimatum Hitlers
- 11./12. März 1938: Rücktritt Schuschniggs, Einmarsch deutscher Truppen und „Anschluss" Österreichs an das Dritte Reich

Österreich nach 1918

Hintergrund des Romans ist die zum Zerreißen gespannte Lage in Österreich und besonders in der Hauptstadt Wien. Zwischen der von den Siegermächten des Ersten Weltkriegs erzwungenen Selbstständigkeit und dem schließlich übermächtigen Druck der Nazis in Deutschland, aber auch in der eigenen Bevölkerung entwickeln sich nicht nur latente Aggressionen, sondern auch Verzweiflung. Dieser zeitgeschichtliche Hintergrund wird schließlich zum Schicksal der im Roman handelnden Figuren über alle privaten Probleme und Bestrebungen hinweg.

Stefan Zweig als Zeitzeuge

Von der Donaumonarchie, einem der mächtigsten Staaten der Welt, der viele Völker des östlichen und südöstlichen Europa unter seiner Herrschaft versammelt hatte, war nach dem von hier ausgegangenen und verlorenen Ersten Weltkrieg nur ein kaum lebensfähiges Restgebilde übrig geblieben. Die fast ausweglose Situation des Landes hat Stefan Zweig, einer der bedeutendsten österreichischen Schriftsteller und selbst (wie Sigmund Freud) zur Emigration gezwungen, in seinen 1944 zuerst erschienenen Erinnerungen eindrucksvoll geschildert:

> „Die Tschechen, die Polen, die Italiener, die Slowenen hatten ihre Länder weggerissen; was übrig blieb, war ein verstümmelter Rumpf, aus allen Adern blutend. Von den sechs bis sieben Millionen, die man zwang, sich ‚Deutsch-Österreicher' zu nennen, drängte die Hauptstadt allein schon zwei Millionen frierend und hungrig zusammen; die Fabriken, die das Land früher bereichert, lagen auf fremdem Gebiet, die Eisenbahnen waren zu kläglichen Stümpfen geworden, der Nationalbank hatte man ihr Gold genommen und dafür die gigantische Last der Kriegsanleihe aufgebürdet. Die Grenzen waren noch unbestimmt, da der Friedenskongreß kaum begonnen hatte , die Verpflichtungen nicht festgelegt, kein Mehl, kein Brot, keine Kohle, kein Petroleum vorhanden; eine Revolution schien unausweichlich oder sonst eine katastrophale Lösung. Nach aller irdischen Voraussicht konnte dieses von den Siegerstaaten künstlich geschaffene Land nicht unabhängig leben und – alle Parteien, die sozialistische, die klerikalen, die nationalen schrien es aus einem Munde – wollte gar nicht selbständig leben. Zum erstenmal meines Wissens im Lauf der Geschichte ergab sich der paradoxe Fall, daß man ein Land zu einer Selbständigkeit zwang, die es selber erbittert ablehnte. Österreich wünschte entweder mit

> den alten Nachbarstaaten wieder vereinigt zu werden oder mit dem stammesverwandten Deutschland, keinesfalls aber in dieser verstümmelten Form ein erniedrigtes Bettlerdasein zu führen." (Stefan Zweig, *Die Welt von Gestern. Erinnerungen eines Europäers*, 42. Aufl. Frankfurt a. M.: Fischer, 1985, S. 205; http://www.literaturdownload.at/pdf/Stefan%20Zweig%20-%20Die%20Welt%20von%20gestern.pdf, S. 143)

Politische Situation im Roman

Seethalers Roman stellt das komplizierte Kräftespiel in der aufgewühlten Hauptstadt dieses verstörten Landes nicht im Einzelnen dar. Wohl aber macht er die latenten Spannungen und Aggressionen sichtbar, die vom Hineinwirken des mächtigen nationalsozialistischen Nachbarn geschürt werden. Sie kommen zum Ausdruck in den unverhüllten antisemitischen Ausfällen (etwa beim Fleischer Roßhuber) schon im Vorfeld des deutschen Einmarschs. Danach zeigen sie sich in der Ausweglosigkeit eines überzeugten Sozialisten, des „Roten Egon", und in seiner Verzweiflungstat (vgl. Lektürehilfe S. 20 f.). Sie kommen aber auch in den teils beifälligen, teils eingeschüchterten Reaktionen der Passanten auf die Unrechtsakte zum Vorschein, vor allem auch in ihrem betretenen Wegsehen (vgl. Lektürehilfe S. 65 f.).

Die offenen Verfolgungen, denen Andersdenkende und besonders Juden nach dem „Anschluss" ausgesetzt waren, lässt der Roman gleichfalls anklingen. Er zeigt sie in den grellen Verlautbarungen des Regimes, wie sie die gleichgeschaltete Presse wiedergibt und wie sie durch Franzens Gedanken geistern (vgl. S. 199 ff.). Einmal werden sie auch – wie es aussieht, durch einen hier allwissenden Erzähler – direkt benannt:

> „Im Keller der Gestapo-Dienststelle, in der ehemaligen Wäscherei des Hotels Metropol, mussten sich fünfzehn jüdische Geschäftsleute nackt ausziehen und mit den Händen über dem Kopf auf die Abholung zum Einzelverhör warten. […] Am Gleis II des Wiener Westbahnhofs saßen vierhundertzweiundfünfzig politische Gefangene zusammengedrängt in den hinteren Waggons eines Sonderzugs und warteten auf die Abfahrt nach Dachau." (S. 186)

Verbürgte Gräueltaten

Solche Szenen sind keineswegs waghalsige Erfindungen des Autors. Sie (und noch viel schlimmere) sind vielfach verbürgt und auch fotografisch dokumentiert:

> „Der konsequent beschrittene Weg zum millionenfachen und technisch rationalisierten Mord in den Gaskammern von Auschwitz hat eine logische Vorgeschichte. An deren Beginn standen die von Amts wegen geförderten und geduldeten Mißhandlungen einzelner Menschen. Es begann damit, daß man jüdische Mitbürger vor den Augen ihrer ‚arischen' Volksgenossen, und nicht selten unter deren Beifall, mit Handbürsten und Lauge, im Schmutz knieend, die Straße ‚reinigen' ließ, daß man unschuldige Menschen diffamierende Texte, auf um den Hals gehängte Tafeln geschmiert, durch die Stadt tragen ließ." (Herbert Steiner, *Zum Tode verurteilt. Österreicher gegen Hitler. Eine Dokumentation*, Wien/Köln/Stuttgart/Zürich: Europa Verlag, 1964, S. 17)

Am dramatischsten stellte sich die Situation während des Umbruchs nach dem Einmarsch deutscher Truppen am 12. März 1938 dar. Dafür gibt es viele bewegende Zeugnisse. Alma Mahler-Werfel, Witwe des jüdischen Komponisten Gustav Mahler und Ehefrau des gleichfalls jüdischen Dichters Franz Werfel, notierte in ihren Erinnerungen aus diesen Tagen:

> „Täglich fuhr ich über die Kärntner Straße auf die Hohe Warte zu meiner Mutter. Täglich wuchsen die Blumenmengen vor dem Deutschen Verkehrs-Büro, in dem das Riesenbild Hitlers prangte. Der Gehweg war völlig ungangbar. Die Blumen überwucherten die Fahrstraße. Die Frauen legten kniend ihre blühende Last vor dem Bild des Führers nieder.
> Ein neues Blatt erschien, ‚Wiener Beobachter', das den deutschen ‚Völkischen Beobachter' an Gemeinheit noch überbot. […] Die Judenkarikaturen und der Text dazu überstiegen alle Grenzen. […]
> Ich fuhr auf die Hohe Warte und nahm Abschied von meiner Mutter, von der ich wußte, daß ich sie nie wiedersehen würde. Ich ließ sie glauben, ich käme nach acht Tagen wieder. Ihre Nazi-Umgebung hielt sie im Wahn, Hitler selbst wolle nichts Brutales, dies sei nur ein Übergang … er werde ein Paradies bringen!" (A. Mahler-Werfel, *Mein Leben*, Frankfurt a. M.: Fischer, 1960, S. 272 ff.)

Noch düsterer war das Schicksal des österreichischen Journalisten, Schriftstellers, Kulturhistorikers, Schauspieler und Kabarettisten Egon Friedell, der sich am 16. März, als er die Handlanger des neuen Regimes auf sein Haus zukommen sah, aus dem Fenster stürzte.

Vor diesem Hintergrund spielt sich das Geschehen des Romans ab. Er spiegelt die Zuspitzung der brisanten Situation von einer latenten, nur manchmal ausbrechenden Gefährdung bis hin zu einem verderblichen Strudel, der am Ende alles mitreißt, auch Franz Huchel, der sich zeitweise darin wie ein Traumtänzer bewegt hat.

Gedenktafel am Wohnhaus von Egon Friedell in der Wiener Gentzgasse 7

Figuren

Grundzüge der Figurengestaltung

KURZINFO

Allgemeine Tendenzen

- Differenzierte Charakterisierung in Verhalten und Sprache
- Porträtierung des Äußeren nur im Ansatz oder aus dem Blickwinkel anderer Figuren
- Keine sprechenden Namen
- Ausgeprägte Entwicklung nur bei der Hauptfigur Franz
- Zahlreiche Nebenfiguren mit jeweils individuellem Profil

Hauptfiguren

Im Personal des Romans dominiert als zentrale Figur der Trafikantenlehrling Franz Huchel. Um ihn herum gruppiert und dabei ständig auf ihn bezogen sind als weitere Hauptfiguren seine Mutter, der Trafikant Otto Trsnjek, Professor Freud und vor allem das böhmische Mädchen Anezka.

Nebenfiguren

Zusätzlich gibt es zahlreiche Nebenfiguren, die in mehreren Episoden oder auch nur einmal auftreten, gleichwohl aber ein unverwechselbares Profil gewinnen. Gerade an ihnen werden sozialpsychologische Entwicklungen wie etwa nach dem „Anschluss" die schleichende Übernahme der von den neuen Machthabern propagierten Vorurteile dargestellt. Jedoch ist keine schematische oder gar aufdringliche Typisierung festzustellen. Bei allen Figuren wird auch vermieden, sie etwa durch sprechende Namen auf bestimmte dominierende Eigenschaften festzulegen; sie behalten durchweg ihren individuellen Zuschnitt. (Allenfalls beim Briefträger Pfründner könnte man einen sprechenden Namen vermuten; aber wo wäre bei einem kleinen Beamten die Pfründe, auf die der Name deuten könnte?)

Wenig äußere Beschreibung

Bei der äußeren Beschreibung der Figuren hält sich der Erzähler stark zurück. Auch von den Hauptfiguren gewinnt man meist nur dann ein genaueres Bild, wenn diese in der Sicht anderer Figuren erscheinen oder sich für bestimmte Anlässe zurechtmachen. Otto Trsnjek begegnet in der Sicht des neugierig die Trafik betretenden Franz (vgl. S. 23 f.), und auch Anezka erscheint bei ihrem ersten Auftreten ganz in dessen verklärender Perspektive (vgl. S. 50 f.; siehe dazu Lektürehilfe S. 74 f.). Über Franzens äußeres Erscheinungsbild erfährt der Leser fast nur situativ bedingte Einzelheiten, z. B. wenn er sich auf die Suche nach einer Freundin fein macht (vgl. S. 47). Vorher schon erblickt man Franzens Mutter zuerst in der Sicht des Sohns als eine von Sturm und Regen zerzauste Frau (vgl. S. 8); später erfährt man immerhin von ihr selbst: „Ich hab schon graue Haare, aber wenigstens ist der Hintern noch einigermaßen fest“ (S. 171).

Einfühlung des Autors

Robert Seethaler hat in einem Interview betont, dass sein eigener Zugang zu seinen Figuren weder über Vorbilder im wirklichen Leben noch über äußere Erscheinungen, sondern über intensive Einfühlung führt:

> „Ich weiß übrigens oft intuitiv, wie meine Figuren sich fühlen, bin ihnen nah. Aber ich wüsste nicht, wie ihre Gesichter aussehen.
> […] Achtsamkeit sich selbst gegenüber ist der Schlüssel zur Figur. Denn die Figuren sind ja Geister meiner Seele – also nehme ich erst mal Kontakt zu mir selbst auf, zu allen Gefühlen, Gedanken.“ (R. Seethaler im Gespräch, „Freud kennt sich mit der Liebe auch nicht aus“, in: *Psychologie Heute* 5, 2015, S. 75 f.)

Franz Huchel

KURZINFO

Hauptfigur des Romans

- Entwicklung vom ländlich naiven Jungen zum verantwortlich Handelnden
- Streben nach Selbstfindung und Individualität
- Entdeckung von Liebe und Sexualität
- Vatersuche als wiederkehrendes Motiv

Einzige sich wandelnde Figur

Franz Huchel ist die einzige Figur des Romans, die tiefgreifende Wandlungen durchmacht und sich in vieler Hinsicht entwickelt. Gleich zu Beginn des Romans erscheint er – obwohl schon 17 Jahre alt – als ein unselbstständiger Junge, der ohne sinnvolle Beschäftigung vor sich hinträumt. Der Gedanke an eine Arbeit im fernen Wien bestürzt ihn, zumal er ihm von der Mutter nur über eine summarische Begründung und danach nur noch durch eine Ohrfeige (vgl. S. 16) nahegebracht wird.

Schon auf der unmittelbar folgenden Bahnfahrt nach Wien weicht die Abwehr jedoch zusehends froher Erwartung. Franz lässt sich von ersten bedenklichen Eindrücken – der dissonanten Überflutung durch die chaotische Großstadt (vgl. S. 20) und den finsteren Andeutungen einer „kleinen Dame" (S. 21) – nicht schrecken. Er gewöhnt sich auch schnell an die beengten Wohn- und Arbeitsumstände in der Trafik und nimmt die Belehrungen des Trafikanten bereitwillig auf.

Naivität

Ein Grundzug in Franzens Verhalten ist seine Naivität. Sie tritt im Lauf des Romans immer wieder hervor und sichert ihm sowohl die Anteilnahme als auch eine amüsierte Überlegenheit des Lesers. Vor allem in folgenden Szenen zeigt sie sich:

- Das fast unverhüllte sexuelle Angebot Anezkas beim ersten Treffen (vgl. S. 57 f.) versteht der schüchterne Franz zu ihrer Verblüffung überhaupt nicht.
- Nachdem ihn Professor Freud im Gespräch der wohlwollenden, aber vor allem joviale Überlegenheit ausdrückenden Anrede „mein junger Freund" (S. 138) gewürdigt hat, schreibt er der Mutter begeistert: „Der Professor und ich sind inzwischen Freunde" (S. 163). Und allen Ernstes schildert er dann ein Verhältnis von gleich zu gleich.
- Als Franz zum ersten Mal in der Gestapo-Zentrale nach Trsnjeks Verbleib forscht, fragt er ausgerechnet dort, im Zentrum des Bösen, „nach einem unschuldigen, nichtsdestotrotz aber mitgenommenen oder verhafteten oder verschleppten" (S. 182 f.) Menschen.
- Dem SS-Mann, mit dem Anezka nach dem „Anschluss" ein Verhältnis aufgenommen hat, teilt Franz – der unbedeutende Junge vom Land – schließlich nicht ohne Anmaßung mit, Anezka stehe „unter meinem ganz persönlichen Schutz" (S. 207).

Dieses naive Verhalten bringt Franz lange Zeit keinen Schaden. Die Begriffsstutzigkeit bei Anezkas Angebot hat nichts als eine verpasste Gelegenheit zur Folge. Die allzu direkte Annäherung an Freud trifft auf dessen Langmut und Verständnis. Schon bedenklich wird es für Franz dann, wenn er bei Anezkas „Kollegen" Heinzi alias Monsieur de Caballé etwas ungestüm auftritt (vgl. S. 110); der zieht zwar gleich ein Messer, belässt es aber doch bei der Drohung.

Vollends brisant wird es jedoch, als Franz die Vertreter und Anhänger des neuen Regimes ernsthaft provoziert. Sogar diese gefährlichen Wendungen übersteht er lange ohne großen Schaden. Sein aggressives Auftreten bei der Gestapo trägt ihm nicht mehr als Prügel ein (vgl. S. 184), der Metzger lässt sich ungestraft ohrfeigen (vgl. S. 195), und noch zuletzt bleibt der SS-Mann seltsam friedlich, wohl deshalb, weil er Franz nicht ernst nimmt und Anezka ihn ablenkt (vgl. S. 207 f.). Erst mit der spektakulären Ersetzung einer Hakenkreuzfahne durch Trsnjeks Hose fällt dann auch Franz der Vernichtungsmaschinerie der Nazis zum Opfer – jedenfalls soweit man das als Leser angesichts der Andeutungen des Romanendes vermuten muss.

Vom Schelm zum Rebellen

Was bedeutet das für die Figur Franz Huchel? Nichts anderes, als dass sie zuletzt eine neue Bedeutung bekommt: Franz wird vom Schelm zum Rebellen. Für sein Treiben als naiver Traumtänzer, wie es über den größten Teil der Romanhandlung vorherrscht, gibt es nämlich ein Modell. Es ist das des Schelmenromans. Dabei ist es unerheblich, ob Robert Seethaler diese Tradition bewusst aufgegriffen hat. Orientierung an literarischen Traditionen geschieht meist nicht als bewusster Zugriff, sondern oft als intuitive Annäherung an vorhandene, vielen Lesern in gewissem Maß vertraute Modelle.

Tradition des Schelmenromans

In der literarischen Tradition zeigt der Schelmenroman das Durchkommen eines unterlegenen, aber gewitzten Einzelnen in irren Zeiten von monströser Bedrohlichkeit. Berühmte Schelmenfiguren in der deutschen Literatur sind etwa Grimmelshausens einfältiger Simplicius Simplicissimus und im 20. Jahrhundert nach Thomas Manns Hochstapler Felix Krull besonders Günter Grass' Oskar Matzerath in *Die Blechtrommel*. Wie in diesen Werken jeweils der Dreißigjährige Krieg, die Auflösung der bürgerlichen Welt im frühen 20. Jahrhundert und der Zweite Weltkrieg den Zeithintergrund liefern, ist es bei Franz Huchel der Umsturz in Österreich. Vor diesem Hintergrund spielt sich das Geschehen des Romans ab. Er spiegelt die Zuspitzung der gespannten Situation von einer latenten, nur manchmal brisanten Bedrohung bis zur katastrophalen Auflösung am Ende.

Typisch für den Schelmenroman ist, dass meist in der Ich-Erzählsituation, also aus der Perspektive des „Helden" erzählt wird. Das ist in *Der Trafikant* formal nicht der Fall. Jedoch kommt die hier vorherrschende personale Erzählsituation, die das Geschehen aus Franzens Blickwinkel darbietet, dem nahe. Sie wird gelegentlich durchbrochen; dass sie gegen Ende ganz aufgegeben wird, erscheint dann im Zusammenhang mit der Entfernung vom Modell des Schelmenromans nur konsequent.

Der Wandel der Figur, der sich auch auf der formalen Ebene bestätigt, besteht darin, dass Franz Huchel in der geschilderten Zeitspanne vom jugendlichen Traumtänzer zu einem verantwortlich handelnden, zuletzt machtlos protestierenden Erwachsenen wird. Er löst sich aus dem beschäftigungslosen Dahintreiben in ländlicher Enge und in der Obhut der Mutter und entwickelt sich zu einem selbstverantwortlichen, aus eigenem Antrieb auf die unheilvollen Entwicklungen reagierenden, Partei ergreifenden Menschen.

Prozess des Erwachsenwerdens

In diesen Prozess des Erwachsenwerdens gerät Franz nicht aus eigenem Antrieb, sondern durch die Verschärfung der äußeren Umstände. Darauf antwortet er zunehmend bewusst und vor allem *selbst*bewusst. Selbstfindung wird für ihn ein zentrales Bedürfnis. Deshalb besteht Franz immer wieder auf seinem Namen. Er tut das gegenüber Anezka, die ihn wiederholt „Burschi" (S. 112 f.) nennt und damit deutlich macht, dass sie in ihm nicht das Individuum sieht, sondern den hübschen jungen Mann. Er tut das ebenso konsequent gegenüber dem Vertreter des neuen Regimes, dem „Verhärmten", der bei Trsnjeks Verhaftung (vgl. S. 157) und schließlich bei Franzens eigener Festnahme (vgl. S. 246) auftritt.

Im Zug des Erwachsenwerdens ergibt sich natürlich auch, dass Franz seine sexuellen Bedürfnisse entdeckt. Dabei geht es ihm aber nicht um die unpersönliche Befriedigung des Geschlechtstriebs. Er fühlt sich vielmehr ganz treuherzig als persönlich Liebender. Daran hält er hartnäckig fest, über Enttäuschungen hinweg und bis hin zum verzweifelten Vorschlag einer Heirat (vgl. S. 206). Es gehört zum Rührenden dieser Romangestalt, wie beharrlich er seine Liebe verfolgt – ausgerechnet bei einem Mädchen wie Anezka, für die ein lockerer Lebenswandel mit wechselnden Beziehungen selbstverständlich ist. Wenn ganz am Ende des Romans, schon im Schatten der sich nähernden Bombenflugzeuge, die nur noch schäbig gekleidete Anezka an der verlassenen Trafik die letzte Traumnotiz des längst verschwundenen Franz an sich nimmt, könnte man das als Bewahrung einer Reliquie und damit doch noch als spätes Zeichen einer persönlichen Bindung verstehen. Ob sich der Autor damit aber einen Abstecher zu den typischen bittersüßen Schlusswendungen eines Trivialromans erlaubt hat? In der Bühnenfassung jedenfalls hat er das später weggelassen.

Vatersuche

Zum Erwachsenwerden gehört auch die Suche nach einem Vater. Franz ist bei seiner Mutter aufgewachsen. Wer sein Vater war, erfährt man spät im Roman und ganz beiläufig, wenn er ihm in einem Traum erscheint, ein

> „Waldarbeiter aus Bad Goisern, den er nie kennengelernt hatte, da er nur wenige Tage vor seiner Geburt von einer morschen Stieleiche erschlagen worden war, und der angeblich zu Lebzeiten kaum mehr gesprochen hatte als im Tode." (S. 172)

Dass Franz ihn im Traum sieht (und diesen Traum dann auch aufschreibt), zeigt sein Bedürfnis nach einem Vater. Seine vertrauensvolle Hinwendung zu Trsnjek (der wenig spricht, wenn es nicht gerade um die Trafik geht) und dann vor allem zu Sigmund Freud (der viel spricht, aber wenig erklären kann), schließlich auch die besondere Anhänglichkeit an beide, das ist aus dieser Sicht als die Suche nach einem „Ersatzvater" zu verstehen.

Probleme der Glaubwürdigkeit

Gewisse Probleme mit der Wahrscheinlichkeit gibt es bei der Romanfigur Franz Huchel im Zusammenhang mit der Handlungsführung, aber auch auf der sprachlichen Ebene: So erscheint es kaum glaubwürdig, dass die Sicherheitspolizei ausgerechnet ihn, den Jungen vom Land, der sich bei Trsnjeks Verhaftung ziemlich unbotmäßig verhalten hat, mit der Weiterführung der Trafik betraut. Bei den Maßnahmen gegen jüdisch geführte Geschäfte ging das neue Regime, wie man weiß, sehr viel anders vor und sorgte nicht für deren Fortbestehen. Und des Weiteren ist die Annahme, dass Franz – dem notdürftig angelernten Lehrling – die Führung der Trafik auch in kaufmännischer Hinsicht (Bestellen und Bezahlen von Waren, Buchführung usw.) offenbar über einige Zeit gelingt, recht unwahrscheinlich.

Dagegen ist der Ton eines einfachen, aber treuherzig bemühten Jungen in Franzens Sprache insgesamt überzeugend getroffen. Das gilt selbst für den unbefangen zutraulichen, aber auch gelegentlich fürsorglich strengen Ton, den Franz gegenüber der Respektsperson Freud anschlägt. Nur an einigen Stellen erscheint Franz sprachlich allzu gewandt, wenn er etwa den Frühling in Wien in fast poetischer Sprache schildert:

> „Bei uns in Wien ist es sehr schön. Nach dem langen Winter kommt der Frühling aus allen Löchern und Ritzen hervorgekrochen. Überall blüht irgendetwas." (S.162)

Das Bedenkliche dieser bildhaften Schilderung muss der Autor wohl gespürt haben, denn bei den folgenden Sätzen, die wieder in das Ausdrucksvermögen des Jungen vom Land zurückführen, trägt er dick auf:

> „Die Parks sehen fast aus wie auf den Ansichtskarten, und aus jedem liegengeblieben Pferdeapfel sprießt ein Maiglöckerl. Die Leute sind ganz verrückt, rennen herum wie kopflose Hendln und kennen sich nicht aus." (Ebd.)

Professor Freud

KURZINFO

Einzige Romanfigur mit historisch realem Vorbild
- Problem der erzählerischen Vergegenwärtigung historischer Personen
- Sigmund Freuds Lebenssituation in Wien 1938
- Krankheit - Alter - Bedrohung
- Satirisches Bild der psychoanalytischen Praxis
- Theorie und praktische Hilflosigkeit

Mit Sigmund Freud (1856–1939), dem berühmten Wiener Neurologen und Begründer der Psychoanalyse, hat Robert Seethaler eine bedeutende historische Persönlichkeit in das Gefüge fiktiver Romanfiguren eingeführt. Er hat damit eine Figur gewählt, der in Wien eine ebenso markante wie umstrittene Rolle zukam. Für Franz, der im ländlichen Salzkammergut schon von ihm gehört hat, ist er zu Beginn nur der berühmt-berüchtigte „Deppendoktor" (S. 38).

Zeugnis über Freud

Über Freuds tatsächliche Lebenssituation in Wien (und dann im englischen Exil) hat der kundige Zeitgenosse und Freund Stefan Zweig geschrieben:

> „Man konnte sich keinen geistig unerschrockeneren Menschen denken; Freud wagte jederzeit auszusprechen, was er dachte, auch wenn er wußte, daß er mit diesem klaren, unerbittlichen Aussprechen beunruhigte und verstörte; nie suchte er seine schwere Position durch die mindeste - auch nur formale - Konzession zu erleichtern. Ich bin gewiß, Freud hätte ungehindert von jedem akademischen Widerstand vier Fünftel seiner Theorien aussprechen können, hätte er sich bereitgefunden, sie vorsichtig zu drapieren, ‚Erotik' zu sagen statt ‚Sexualität', ‚Eros' statt ‚Libido', und nicht unerbittlich immer die letzten Konsequenzen festzustellen, statt sie bloß anzudeuten. [...]
> Der Mann, der nun aus seiner Heimat, der er Ruhm über die Erde und durch die Zeiten geschenkt, nach London flüchtete, war den Jahren nach längst ein alter und außerdem ein schwerkranker Mann. [...] Es machte ihm sichtlich Mühe, mit seiner Gaumenplatte zu sprechen, und man war eigentlich beschämt über jedes Wort, das er einem gewährte, weil das Artikulieren ihm Anstrengung verursachte. Aber er ließ einen nicht; es bedeutete besonderen Ehrgeiz für seine stählerne Seele, den Freunden zu zeigen, daß sein Wille noch stärker

> geblieben als die niederen Quälereien, die ihm sein Körper schuf." (S. Zweig, *Die Welt von Gestern*, 42. Aufl. Frankfurt a. M.: Fischer, 1985, S. 302 f.; http://www.literaturdownload.at/pdf/Stefan%20Zweig%20-%20Die%20Welt%20von%20gestern.pdf, S. 212 f.)

Auch wenn sich in diesen Sätzen eine gewisse Tendenz zur Heroisierung bemerkbar macht, bleiben sie dennoch ein bewegendes Zeugnis.

Warum hat Seethaler gerade zu Freud als Romanfigur gegriffen? Dazu hat er sich im bereits zitierten Interview wie folgt geäußert:

> „Ich wollte gern über Freud schreiben, aber über ihn ist schon so viel gesagt worden, dass mir schnell klar war: Ich brauche einen anderen Zugang. Dieser Zugang kam über Franz – einen jungen Mann, der einen vorurteilsfreien Blick auf den alten Psychoanalytiker zulässt: Er guckt, wie Freud dasitzt, Zigarre raucht. Franz hat die Bücher von Freud nicht gelesen, trotzdem bekommt er einen Eindruck, was um ihn herum passiert, was ihm wichtig ist. […]
> Ich beschreibe ja vor allem die Perspektive von Franz, der einen alten Mann sieht, der eine Haut hat wie Seidenpapier, er sieht das Verletzliche an Freud." (R. Seethaler im Gespräch, „Freud kennt sich mit der Liebe auch nicht aus", in: *Psychologie Heute* 5, 2015, S. 76)

Historische Figuren im Roman

Nun stößt die erzählerische Vergegenwärtigung einer historischen Figur auf ein prinzipielles Problem: Je berühmter eine solche Figur ist, desto mehr biografische Daten und Fakten liegen über sie vor. Umso geringer ist also der Spielraum zwischen bloßer Wiedergabe von Verbürgtem (was steril bleiben würde) und freier Erfindung (die schwer glaubwürdig zu gestalten ist). Als Vorbild einer gelungenen Lösung des Problems könnte etwa Thomas Manns Roman *Lotte in Weimar* (1939) gelten; darin wird die zentrale Figur Goethe in den Wahrnehmungen von Nahestehenden gespiegelt, erst ganz zuletzt „spricht" Goethe selbst.

Ausblendung des Wissenschaftlers Freud

Seethalers Angaben im zitierten Interview benennen das Verfahren, das er angewendet hat: Der Wissenschaftler Freud wird fast ausgeblendet, über kein einzelnes seiner Werke fällt auch nur ein Wort. Die Romanfigur

Freud deutet im Gespräch mit Franz sogar die Nutzlosigkeit der eigenen Werke an:

> „‚Sie haben Bücher geschrieben. Viele Bücher! Steht denn da gar nicht drinnen, was mir helfen kann?'
> ‚Ehrlich gesagt: Ich glaube nicht.'
> ‚Und wozu sollen dann die ganzen Bücher gut sein?'
> ‚Das frage ich mich manchmal auch.'" (S.75)

So ist es in der Tat die Perspektive von Franz, die im Roman vorherrscht, wenn Freud auftritt. Ausnahmen gibt es jedoch. Dazu gehört die Episode, in der Freud das Patientengespräch mit Mrs. Buccleton führt (vgl. S. 115 ff.), ferner die Szene, in der er sich mit Frau und Tochter auf die Ausreise nach England macht (vgl. S. 230 ff.).

Freuds Lebenssituation 1938

Seethalers Äußerung im Interview begründet einleuchtend, warum er nicht den Wissenschaftler porträtiert, sondern vor allem den resignierten und schwer kranken alten Mann, den Franz in Freud sieht. Jedoch ist die Lebenssituation, in der sich Sigmund Freud in Wien 1938 befand, recht genau abgebildet. Da ist seine altersbedingte Hinfälligkeit (1938 war er im 82. Lebensjahr) und da ist sein schweres Leiden am Gaumenkrebs (über 30 Operationen seit 1922, wechselnde Prothesen für Teile des Gaumens und Kiefers; die davon rührenden Schwierigkeiten beim Sprechen). Auch Freuds übermäßiges Rauchen (täglich zahlreiche Zigarren) wird im Roman – natürlich nicht kritisch – thematisiert und prägt den Anfang seiner Kontakte zu Franz. Und schließlich sind auch Freuds Wohnsitz in der Wiener Berggasse 19 und dessen Einrichtung (Ordinationsraum mit der legendären Couch für die Patienten), aber auch die familiären Umstände (Dominanz der fürsorglichen Tochter Anna, untergeordnete Rolle der Ehefrau) stimmig getroffen.

Andererseits ist so etwas wie Vollständigkeit in der Wiedergabe dessen, was den historischen Sigmund Freud ausmacht, nicht beabsichtigt, selbst da, wo es der Kontext des Romans eigentlich angeboten hätte: *Die Traumdeutung* (1900), ein Hauptwerk Freuds und der entstehenden Psychoanalyse, wird nicht einmal erwähnt – und das, obwohl Franz auf Freuds Rat seine Träume aufschreibt und der Roman diese Notizen wiedergibt. Von

Freuds Annahme eines „Todestriebs", die unter dem Eindruck des zeitgeschichtlichen Unheils schon nach dem Ersten Weltkrieg entstanden ist und eine Erklärung für die Kriegsneigung des Menschen versucht, ist kaum die Rede, allenfalls in Anklängen. Es bleibt bei den düsteren Andeutungen von kommendem Unheil, die Franz gegenüber fallen.

Wirken als Therapeut

Schließlich gibt der Roman einen gewissen, allerdings nur auf eine Episode beschränkten Einblick in Freuds Wirken als Therapeut. Historisch verbürgt ist, dass ihn in seiner späten Wiener Zeit vorwiegend Patientinnen

Sigmund Freud 1921 (Fotografie von Max Halberstadt)

und Patienten aus dem Ausland aufgesucht haben. Aber die Behandlung, die er im Roman Mrs. Buccleton zuteilwerden lässt, bleibt wenig überzeugend. Die Patientin erscheint dem Leser als unerträglich weinerliche Person. Das empfindet auch Freud so, der doch von seinem Wirken als Seelenarzt allerhand gewöhnt sein muss und den tieferen Gründen solcher Verhaltensweisen auf der Spur ist. Aber seine therapeutischen Ratschläge an die übergewichtige und selbstmitleidige Mrs. Buccleton gipfeln in dem trivialen Vorschlag, auf den jeder käme: "Hören Sie auf, Torten zu essen!" (S. 120)

Satirische Überzeichnung

In den Gesprächen mit Franz über die Verwirrungen der Liebe ist Freud eigentlich in zweierlei Hinsicht gefordert – als lebenserfahrener alter Mann ebenso wie als Erforscher der menschlichen Psyche. Allenfalls in der ersten Hinsicht können seine Äußerungen befriedigen, die immerhin (was damals gar nicht selbstverständlich war) auf alles Moralisieren verzichten. Sie begnügen sich aber mit ganz nüchternen praktischen Ratschlägen, die Franz immerhin weiterhelfen:

> „Meiner Ansicht nach hast du jetzt genau zwei Möglichkeiten: Möglichkeit Nummer eins: Hol sie dir zurück! Möglichkeit Nummer zwei: Vergiss sie!" (S. 76)

Inkompetenz in Sachen Liebe

Sobald dann aber der orientierungslose Junge zu grundsätzlichen Fragen vorstößt, die den Psychologen (und Philosophen) fordern, helfen Freuds Antworten kaum weiter. Sie reichen von trivialen Vorschlägen („Hör auf, über die Liebe nachzudenken", S. 78) über metaphorische Floskeln bis hin zu dem resignativen Eingeständnis:

> „Die richtige Frau zu finden ist eine der schwierigsten Aufgaben in unserer Zivilisation. Und jeder von uns muss sie vollkommen alleine bewältigen. Wir kommen alleine zur Welt, und wir sterben alleine. Doch gegenüber der Einsamkeit, die wir empfinden, wenn wir zum ersten Mal vor einer schönen Frau stehen, wirken Geburt und Tod geradezu wie gesellschaftliche Großereignisse." (S. 140 f.)

Auch hier, in den Auskünften über das existenzielle Thema der Liebe (vgl. Lektürehilfe S. 72 ff.), zeigt sich also, dass der Wissenschaftler Freud im Roman weitgehend

Die Beziehung zu Franz

ausgeblendet wird … Schwierigkeiten könnte mancher Leser jedoch damit haben, dass im Roman zwischen dem prominenten alten Professor Freud und dem harmlosen jungen Burschen Franz über alle Grenzen der Lebenserfahrung hinweg eine Beziehung entsteht, die Franz als Freundschaft einstufen kann. Mit seiner naiven Überschätzung (vgl. Lektürehilfe S. 44) allein ist das kaum glaubhaft zu machen. Freud begründet seine Zuneigung zu dem Jungen in Gedanken so:

> „Eigentlich hatte er sich in Gegenwart sogenannter ‚einfacher Leute' immer ein wenig unbeholfen und deplatziert gefühlt. Mit diesem Franz aber verhielt es sich anders. Der Bursche blühte. […] Nein, in diesem jungen Menschen pulsierte das frische, kraftvolle und obendrein noch ziemlich unbedarfte Leben. […] Franz war blutjung, des Professors Welt hingegen droht immer mehr zu vergreisen." (S. 122 f.)

Darüber hinaus liefert auch Freuds Hinfälligkeit eine weitere Erklärung, weil sie ihn hilfsbedürftig macht. Und Franz verhält sich im Roman ausgesprochen fürsorglich. Er schützt Freud vor Kälte, indem er ihm seinen Schal gibt (vgl. S. 76). Fürsorglich ist zwar auch Freuds Tochter Anna, aber bei ihr geschieht das nicht ohne eine kräftige Beimischung von Dominanz (vgl. S. 124 f.). So kann man Freuds Offenheit für den Jungen vom Land am Ende wohl für plausibel halten.

Anezka

KURZINFO

Ein böhmisches Mädchen mit freizügigem Lebenswandel

- „Naturkind ohne Scham"
- Erotische Freizügigkeit
- Geschäftsmäßiges Verhältnis zu Männern
- Anpassung an die neuen Verhältnisse

Anezka, das böhmische Mädchen, in das sich Franz Huchel rettungslos verliebt, tritt in einem zweifelhaften Lokal im Prater als leicht (und schließlich fast gar nicht mehr) bekleidete Tänzerin auf. So kündigt sie der Conférencier an:

> „Hinter den hitzeflimmernden Wüsten der Neuen Welt, inmitten der endlosen Weiten der Prärie, an einem Ort, wo der Kojote heult, […] haben wir sie gefunden: nackt und schutzlos im hohen Gras den mächtigen Naturgewalten ausgeliefert, ein einsames Menschenkind, das zitternde Herz geborgen im erwachenden Körper einer jungen Frau, die letzte Überlebende einer untergegangenen Welt jenseits unserer Zivilisation, einer Welt, in der die Menschheit noch in der ewigen Freiheit der Natur lebte, ganz dem Augenblick hingegeben, ohne Tabus, ohne Schuld und ohne Scham." (S. 105 f.)

In diesem Vortrag sind die abgeschmacktesten Klischees ausgebreitet, in der Wildwestszenerie wie in dem von vorgeschobenem Mitleid und tatsächlicher Begehrlichkeit triefenden Bild der angeblichen „N'Tschina" (S. 106). Der Bühnenname erinnert sofort an das Indianermädchen Nscho-tschi aus Karl Mays populärem Roman *Winnetou I* (1893). Nun ist Anezka keineswegs ein schönes, zartes und unberührtes Mädchen wie Karl Mays Nscho-tschi. Sie ist ziemlich drall, hat eine auffällige Zahnlücke und kommt auch nicht aus dem Wilden Westen, sondern aus dem „wunderscheenen Dorf" (S. 90) Dobrovice in Böhmen (wenn ihre Angaben stimmen). Die Charakterisierung als Wesen ohne Tabus und Scham (und in diesem Sinn auch ohne Schuld) trifft aber – jenseits der vordergründigen Verlogenheit – doch etwas in ihrem Wesen.

Menschenkind „ohne Schuld und ohne Scham"

Schon als Franz sie zum ersten Mal sieht und rührend unbeholfen anspricht, macht sie sich nicht wie ihre Begleiterinnen über ihn lustig, sondern geht auf ihn ein, während diese sofort verschwinden und ihrerseits auf Männerfang ausgehen (vgl. S. 52). Was Anezka an Franz reizt, ist offenbar die geschlechtliche Lust, die von dem erregten jungen Burschen ausgeht, und das gibt sie ihm schon am Schießstand deutlich zu verstehen:

> „Da spürte er plötzlich ihre Hand auf seinem Hintern. Sie hatte das Gewehr abgelegt und lächelte ihn an. ‚Schießen kannst ned, aber a scheenes Poscherl hast!' sagte sie […]." (S. 55)

Auch bei dem kaum verhüllten intimen Angebot am Ende dieser ersten Begegnung („Haben wir gesoffen, haben wir getanzt – und was machen jetzt?", S. 57) und schon gar mit dem unverblümten „Und jetzt will ich dich, Burschi!" (S. 91) beim Wiedersehen gibt Anezka ihr Begehren offen zu erkennen. Da sind die gesellschaftlichen Konventionen der damaligen Zeit jäh durchbrochen, die den Mädchen ja alle Initiative beim Kontakt mit dem anderen Geschlecht verwehrt haben. Anezkas voll ausgelebte Sinnlichkeit und die unbefangene Lust, mit der sie den linkischen Franz durch seine ersten sexuellen Erlebnisse führt, bis hin zu den nackten Vergnügungen nachts im Schnee vor der Trafik (vgl. S. 93 f.) zeigen: Anezka ist tatsächlich, wie der Conférencier sie anpreist, „ohne Scham" – aber sie ist durchaus nicht ohne Charme.

Unbefangene Sinnlichkeit

Jedenfalls wirkt sie auf Franz so. Und auch als Leser kann man sich einer gewissen Sympathie kaum erwehren. Dabei ist es ja eigentlich bedenklich, dass Anezka ihre Gunst immer wieder an Zuwendungen knüpft. Essen und Trinken muss ihr Franz bei der ersten Begegnung ausgeben und mit noch größerer Opulenz bei der zweiten. Aber das wirkt durch die verblüffende Selbstverständlichkeit und durch die kreatürliche „Hingabe" (S. 91), mit der sie diese Gaben annimmt, nicht eigentlich abstoßend und berechnend.

Natürlich ist Anezka alles andere als ein „anständiges Mädchen". Wenig Konkretes erfährt der Leser von ihr. Im Roman wird nicht einmal ihr Familienname erwähnt. Von ihrer Herkunft aus dem böhmischen Dorf spricht sie nur kurz. Ihre Angaben zur – unangemeldeten – Tätigkeit als „Kindermädchen, Köchin und Haushaltshilfe" (S. 90) wirken vor allem auf dem Hintergrund ihrer aufreizenden Auftritte im Amüsierlokal nicht besonders glaubwürdig. Für den Kellner, der sie kennt, ist sie eine „ausgefressene Landpomeranze" (S. 84) und wird auf eine Stufe mit käuflichen Damen gestellt. Das „gelbe Haus" (S. 87), in dem sie wohnt, ist eine stinkende Bruchbude, und die vielen Frauen, die dort vegetieren (laut Anezka „Alles Behminnen. Scheene brave Frauen, alle miteinander!", S. 90) wirken auch nicht gerade solide.

Zweifelhafte Lebensbedingungen

Anezka gehört also offenbar zu den jungen Frauen, die aus einer der nationalen Minderheiten im Vielvölkerstaat Österreich und aus der Provinz nach Wien gekommen sind und sich durch allerlei Dienstleistungen über Wasser halten müssen. Dass dies im Getriebe der Großstadt und in einer von Männern dominierten Welt mit manchen Kompromissen verbunden ist, lässt sich vermuten. Drastisch zeigen sich diese Zwänge etwa in dem Verhältnis zu dem alles andere als attraktiven SS-Mann, einem „Mann mit weichen Gesichtszügen und käsiger Haut“ (S. 203), durch das sie sich nach dem Umschwung offenbar mit dem neuen Regime arrangiert.

Anezka wirkt jedoch nicht, als würde sie an ihren zweifelhaften Lebensbedingungen leiden. Sie scheint sie eher fraglos hinzunehmen. Annehmlichkeiten am Rande wie die episodischen Treffen mit Franz und die vorausgehenden Ess- und Trinkgenüsse nimmt sie bedenkenlos mit. Nachfragen und Festlegungen weicht sie aber aus, so etwa nach der ausgelassenen intimen Szene mit Franz, wenn sie auf dessen Frage „Warum bist du damals weggelaufen im Schweizerhaus?“ (S. 93) antwortet:

> „‚Manchmal muss weglaufen, manchmal muss bleiben', sagte sie. ‚So ist Leben.'“ (S. 54)

Bürgerliche Bindungen und Werte gibt es für Anezka nicht; mit ihnen kann man sie weder locken noch verletzen. Auf Franzens Frage nach ihrer Beziehung zu dem Conférencier („Gehörst du zu ihm?“, S. 112) kommt die ebenso gleichmütige wie illusionslose Antwort: „Ich geheer zu keinem. Nicht einmal zu mir selber!“ (S. 113) Und als er ihr dann in seiner Empörung über den halbnackten Auftritt im Varieté „fünf Schilling“ anbietet, „wenn du mir noch einmal deinen Hintern zeigst“ (ebd.), und sich gleich darauf betreten entschuldigt, gibt sie sich nicht einmal beleidigt: „Ist schon gut, Burschi.“ (Ebd.)

Anezka ist in der Wiener Welt eine Außenseiterin. Das verbindet sie mit Franz (und macht sie zu einer typischen Seethaler-Gestalt). Außenseiterin ist sie als Angehörige der böhmischen Minderheit und auch durch ihre bereits beschriebenen „Schamlosigkeit“.

Sally Bowles als Vorbild?

Gibt es literarische Vorbilder? Hier könnte man an Sally Bowles aus Christopher Isherwoods Roman *Goodbye to Berlin* (1939, dt. *Leb wohl, Berlin*, 1949) denken, weltbekannt geworden vor allem durch das darauf basierende Musical *Cabaret* (New York 1966) von John Kander (Musik) und Joe Masteroff (Buch) und dessen Verfilmung durch Bob Fosse mit Liza Minelli (1972). Schauplatz ist hier die flirrende Metropole Berlin vor und während der Machtergreifung der Nationalsozialisten im Jahr 1933.

Die Konstellation ist in manchem vergleichbar: In Isherwoods Roman lernt der Schriftsteller Cliff Bradshaw die reizvolle und kapriziöse, aber labile Sally kennen, die sich im Amüsierbetrieb bewegt, ihre Liebhaber rasch wechselt und am Ende dem Sog des neuen Regimes verfällt, worauf Bradshaw die Stadt verlässt. Die Ähnlichkeit zwischen den jungen Frauen ist aber – bei aller Analogie der Handlung – doch begrenzt. Anezka ist eine erdhafte, ländlich-provinziell geprägte Figur, während die verwöhnte Fabrikantentochter Sally, eine typische Großstadtpflanze, mondäne Allüren zur Schau trägt und alles ihren Träumen vom Aufstieg unterordnet. Anezka dagegen geht es, wenn sie sich mit dem SS-Mann einlässt, offenbar um das Weiterexistieren unter den neuen Bedingungen.

Die Mutter

KURZINFO

Repräsentantin der engen Verhältnisse in der Provinz

- Karge Lebensbedingungen und reges Liebesleben
- Zurechtkommen unter dem neuen Regime
- Zunehmend herzliche Verbindung zu Franz

Franz Huchels Mutter, unter deren Fittichen er zu Beginn des Romans noch lebt, sieht ihren Sohn während der gesamten Handlung nie mehr. Er bleibt in Wien, sie am Attersee. Als Erzählfigur tritt die Mutter erst kurz vor Ende der Handlung wieder auf, als sie – während die Verhaftung ihres Sohns sich schon vorbereitet – von unbestimmter, aber drängender Sorge um ihn heimgesucht wird: „Wo bist du, mein Bub?" (S. 244)

Dennoch ist die Mutter im Rahmen des Romans mehr als nur eine episodische Figur. Das zeigt sich zunächst daran, dass ihre schriftliche Verbindung mit Franz, zuerst in eher nichtssagenden Postkarten, später dann in zunehmend herzlichen Briefen, immer intensiver wird. Darin spiegelt sich, wie sich erst in der räumlichen Distanz eine engere Verbindung von Mutter und Sohn entwickelt. Zu Beginn, als mit Preiningers Tod die bisherigen Zuwendungen wegfallen, fasst die Mutter ohne Beteiligung oder auch nur Information des Sohns den Entschluss zu dessen Fortgang nach Wien. Sie teilt ihm das erst mit, als schon alles in die Wege geleitet ist. Und die Antwort auf dessen fassungslose Reaktion ist nur eine Ohrfeige – worauf der Roman unmittelbar zu seiner Abreise überleitet. Für die weiteren Kontakte hat die Mutter, wie man später erfährt, ganz schematische Regeln festgelegt:

Von Postkarten zu Briefen

> „Eine Karte pro Woche, nicht mehr und nicht weniger, das war die Abmachung. ‚Franzl', hatte die Mutter am Abend vor seiner Abreise gesagt und ihm dabei mit dem Rücken ihres Zeigefingers leicht über die Wange gestrichen, ‚du schreibst mir jede Woche eine Postkarte, weil eine Mutter muss wissen, wie es ihrem Kind geht!'
> ‚Na gut', hatte Franz gesagt.‚Aber richtige Ansichtskarten müssen es sein. Solche mit schönen Bildern vorne drauf. Damit tapezier ich den Schimmelfleck über dem Bett zu, und wenn ich sie mir anschaue, kann ich mir immer vorstellen, wo du gerade bist!'" (S. 33 f.)

Diese anfängliche Kargheit und Wortlosigkeit ist fast vergleichbar mit der des Vaters, „der angeblich zu Lebzeiten kaum mehr gesprochen hatte als im Tode" (S. 172). Sie weicht aber dann in den immer umfangreicheren Botschaften der Mutter einer besorgten Einfühlsamkeit.

Wachsende Anteilnahme

Die Bekanntschaft mit Freud macht der Mutter zu schaffen, weil sie es erstens kaum fassen kann, dass der berühmte Mann sich gerade mit ihrem bisher so unerwachsenen Sohn abgibt, und zweitens auch deshalb, weil sie fürchtet, dass der Umgang mit Juden in den nun anbrechenden Zeiten nachteilig sein könnte (vgl. S. 39 f.):

> *„So ganz recht ist es mir nicht. Früher hab ich Dir den Umgang mit den anderen Buben ja noch verbieten können, wenn mir einer nicht gepasst hat. Die Zeiten sind vorbei. Du bist jetzt alt genug und wirst schon wissen, was Du machst. Aber bitte bedenke: Auch wenn die Juden noch so anständig sind, was nützt ihnen das, wenn sich um sie herum die ganze Anständigkeit schon längst verabschiedet hat?"* (S. 170)

Als Erzählfigur gewinnt die Mutter schon durch diese neu erwachte Anteilnahme an der Entwicklung des Sohns an Farbe. Geradezu rührend ist, was sie weiterhin schreibt:

> *„Manchmal gehe ich an die Kiste mit Deinen Sachen. Dann ziehe ich einen von deinen alten Pullovern heraus, halt ihn mir ans Gesicht und riech daran."* (S. 171)

Blass bleibt die Mutter aber auch in anderer Hinsicht nicht. Man lernt sie nämlich nicht nur kennen als eine einfache Frau, die sich unter den eingeschränkten Bedingungen ihres ländlichen Lebenskreises – auch als ledige Mutter – nur mühsam über Wasser halten kann. Immer wieder ist vermerkt, dass sie ein reges Liebesleben führt. Dazu gehört das verschwiegene Verhältnis, das sie mit dem großzügigen Preininger unterhält und dessen abruptes Ende am Beginn des Romans zu Franzens Abreise nach Wien führt. Von bloßer Berechnung kann da ihrerseits nicht die Rede sein, zu sinnlich aufregend (für beide!) wird der Beginn dieses Verhältnisses erzählt:

> „[…] während sie aßen und tranken, versuchten sie erst gar nicht, aneinander vorbeizuschauen. Kurz danach tanzten sie Polka und später sogar Walzer und flüsterten sich dabei kleine Geheimnisse ins Ohr. Dann spazierten sie Arm in Arm um den sterngetupften See und fanden sich unvermutet in der Blechbaracke und gleich darauf im Fond des Austro-Daimler wieder. Der Rücksitz war breit genug, das Leder weich, die Blattfedern gut geschmiert, alles in allem war die Nacht ein Erfolg." (S. 11)

Auch der Gedanke, Franz als Lehrling zum Trafikanten Trsnjek zu schicken, knüpft an eine alte Liebschaft der Mutter an. Dieser Trsnjek schulde ihr nämlich einen Gefallen. Und auf Franzens Frage nach dem Grund erwidert sie nur vielsagend: „Die Saison damals war heiß, und wir waren jung und recht dumm im Schädel …" (S. 16).

Auch im weiteren Verlauf des Romans zeigt sich Franzens Mutter als erotisch ansprechbar („*Ich hab schon graue Haare, aber wenigstens ist der Hintern noch einigermaßen fest*", S. 171). An mögliche Liebschaften legt sie aber ihre eigenen Ansprüche an. Die aufdringlichen Angebote ihres neuen Arbeitgebers etwa weist sie ab:

Erotische Ansprechbarkeit

> *„Einmal hat mich der Wirt abgepasst und auf ein Gästebett geschmissen. Da hab ich ihm gesagt, dass ich mit dem Obersturmbannführer Graleitner aus Linz befreundet bin und dass dem so etwas sicher nicht gefallen wird können. Da hat der Wirt einen Schrecken bekommen und irgendetwas von einem blöden Missverständnis zusammengestottert."* (S. 169)

Noch im letzten Brief an Franz deutet die Mutter an, dass sie an erotischen Alternativen höchst interessiert ist:

> *„Der Wirt ist mir zu blöd und ungustiös, aber seit ein paar Tagen hat einer von den neuen Fremdenführern ein Auge auf mich geworfen. Er ist ein fescher Kerl mit Schnurrbart und großen Händen. Wir werden sehen, was draus wird."* (S. 171)

In ein besonderes Licht rückt die Mutter allerdings ganz zu Beginn des Romans, als sie durchnässt vom Gewitter zu Franz in die Hütte kommt. Schon vorher ist die Gewalt des Unwetters fast in religiöse Dimensionen erhoben, wenn es heißt:

> „An der Wand über der Altkleiderkiste wackelte der eiserne Jesus, als könnte er sich jeden Augenblick von seinen Nägeln losreißen und vom Kreuz springen […]." (S. 7)

Und nun hat ihr Sohn beim Anblick der Mutter eine merkwürdige Assoziation:

Religiöse Assoziationen

> „Franz musste an das schief verschnitzte Marienbild denken, das irgendjemand in alten Zeiten an den Türstock der Nußdorfer Kapelle genagelt hatte und das mittlerweile fast bis zur völligen Unkenntlichkeit verwittert war." (S. 8)

Hier erscheint die Mutter geradezu als eine Art „Schwundstufe" der Gottesmutter Maria. Mit ihrem ahnungsvoll bangen Auftritt kurz vor Ende (vgl. S. 244) schließt sich dann der Kreis – wie Maria wird sie den Sohn verlieren.

Otto Trsnjek

KURZINFO

Opfer der neuen Machtverhältnisse
- Kriegsversehrter und Ziel der Denunziation
- Führung der Trafik als Lebensaufgabe
- Vaterersatz für Franz Huchel

Der Kriegsversehrte

Otto Trsnjek begegnet im Roman fast nur als der Trafikant, der Franz aufnimmt, anlernt und dessen Liebesnöte ernst nimmt. Über seine Vergangenheit ist wenig bekannt. Die Trafik hat er nach dem Verlust eines Beins im Krieg als Ausgleich und Lebensgrundlage erhalten (vgl. S. 30). Wie aus seinen Unterweisungen an Franz hervorgeht, widmet er sich diesem Geschäft mit großem Eifer und sieht darin seine Lebensaufgabe. Als er einmal verreist, „war [er] zu einer Großcousine nach Potzneusiedel ins Burgenland gefahren, um ‚der Seele und dem Bein in der burgenländischen Fadesse ein bisserl Ruhe zu gönnen'“ (S. 80). Franzens Mutter spricht davon, dass er in seiner Jugend mit ihr eine kurze Liebschaft gehabt hat. Ob der Erste Weltkrieg und Trsnjeks Verletzung diese, wie zu vermuten ist, beendet haben, erfährt man nicht.

Dem neu aufgetauchten Lehrling präsentiert sich Trsnjek erst einmal recht zugeknöpft, unterweist ihn dann aber nicht ohne Begeisterung. Und der unerfahrene Franz nimmt Trsnjeks Lehren, die ihm eine überschaubare Nische im chaotischen Treiben Wiens eröffnen, dankbar und eifrig an. Als er in seine Liebeswirren gerät, holt er sich nicht nur bei Professor Freud Rat, sondern auch bei Trsnjek. Beide sind für Franz so etwas wie Ersatzväter. War aber schon von Freud wenig greifbare Erklärung zu bekommen, so gilt das für Trsnjek erst recht:

> „‚Hör zu, ich verstehe nichts mehr von diesen Dingen. Früher vielleicht, da war in dieser Hinsicht noch was los mit mir. Frag deine Mutter, die wird sich wahrscheinlich daran erinnern. Aber das ist lange her. Ein halbes Menschenleben. Mit dem Bein ist auch meine Jugend im Schützengraben geblieben. So ist das und nicht anders. Das ist manchmal bitter, hat aber im Grunde genommen auch seine angenehmen Seiten. Mittlerweile kann mir die Liebe nichts mehr tun. […] Wenn

> ich dir also einen bescheidenen Rat erteilen darf, mein patscherter Lehrbub: Such dir für solche delikaten Sachen eine andere Ansprach', und lass mich damit in Frieden.'" (S. 68 f.)

Die Resignation Trsnjeks, die sich hier ausdrückt, umfasst sein Leben und seine Existenz als schwer Kriegsversehrter im verhetzten Österreich insgesamt. Er führt das weitläufig aus:

Böse Vorahnungen

> „Das Problem, meinte Otto Trsnjek mit einem traurigen Blick auf das bis unter die Decke dicht mit Zigarrenkisten vollgeräumte Wandregal, das große Problem für das Zigarrengeschäft sei die Politik. Die Politik verhunze nämlich alles und jedes, und da sei es ziemlich egal, wer da mit seinem breitgesessenen Hintern die Regierung bilde, ob der Kaiser selig, der Zwerg Dollfuß, sein Lehrling Schuschnigg oder drüben der größenwahnsinnige Hitler: Von der Politik werde alles und jedes verhunzt, verpatzt, versaut, verdummt und überhaupt irgendwie zugrunde gerichtet." (S. 26 f.).

Dass sich Trsnjek zudem in besonders gefährdeter Lage befindet, wird erst schlagartig offenbar, als ihm der Fleischer Roßhuber die Ladenfront mit Schweineblut und der Parole „SCHLEICH DICH, JUDENFREUND!" (S. 61) beschmiert. Von hier aus führt der Weg offenbar über die Denunziation des Fleischers oder seiner Gesinnungsgenossen und begünstigt durch den politischen Umbruch alsbald zu Trsnjeks Verhaftung und schließlich Ermordung – woran auch Franzens empörte, aber aussichtslose Bemühungen um seine Freilassung nichts ändern können.

Bedrohtheit als Jude oder Judenfreund

Nebenfiguren

KURZINFO

Zeittypische Verhaltensweisen, aber zugleich scharfes individuelles Profil

- Preininger: Die vitale Provinzgröße
- Frau Dr. Dr. Heinzl: Die titelsüchtige Witwe
- Briefträger Pfründner: Der eingeschüchterte Beamte
- Mrs. Buccleton: Die zahlungskräftige Patientin
- Der „Verhärmte": Der gleichmütige Pflichterfüller
- Einkaufende Frau: Die namenlose Beobachterin

Zu den Qualitäten des Romans gehört, dass er das Zeitpanorama, in dem sich die Hauptfiguren bewegen, in einer Reihe unterschiedlich, aber jeweils scharf skizzierter Nebenfiguren anschaulich macht. Dabei werden die Einwirkung der widerstreitenden Einstellungen und Mächte auf ihr Bewusstsein gezeigt und die teils komischen, teils abgründigen Widersprüche in ihrem Reden und Verhalten aufgedeckt. Das alles steht in der Tradition österreichischer Kleinbürgersatire, wie sie vor allem von Dramatikern wie Johann Nepomuk Nestroy (1801–1862) und Ödön von Horváth (1901–1938) geprägt, nach dem Zweiten Weltkrieg aber auch stark von Kabarettisten wie Helmut Qualtinger und Georg Kreisler gepflegt wurde. Einige dieser profilierten, teilweise auch karikierten Nebenfiguren treten nur einmal, manche aber auch jeweils kurz in mehreren Episoden auf, was fast wie ein Anklang an filmische Strukturen wirkt.

Tradition der Kleinbürgersatire

Die erste dieser Nebenfiguren ist der Provinzlebemann Preininger, der gleich als Toter eingeführt wird. In ein komisches Licht rückt er schon dadurch, dass bei seinem Begräbnis „auffällig viele schwarz verschleierte Frauen um das Grab" (S. 14) stehen – seine erotischen Bedürfnisse haben also noch weiter als bis zu Frau Huchel gereicht. Von unbändiger Lebensgier zeugt auch sein erster und zugleich letzter Auftritt im Roman. Da kommt er vom Stammtisch und

Preininger

> „hatte einen Rehbraten mit Rotkraut und Serviettenknödel sowie acht Krügel Bier und vier Doppeltgebrannte zu sich genommen und mit seiner tief tremolierenden Bassstimme allerhand Bedeutendes über die österreichische Volkstumspflege, den sich wie Krätze in ganz Europa ausbreitenden Bolschewismus, die vertrottelten Juden, die noch vertrottelteren Franzosen und die geradezu grenzenlosen Entwicklungsmöglichkeiten im Fremdenverkehrsgeschäft zum Besten gegeben." (S. 12)

Ein großmäuliger Sprücheklopfer also, dessen Äußerungen als „allerhand Bedeutendes" der Erzähler schon durch die wahllose Vielzahl der Themen ironisch als Stammtischgeschwätz einstuft. Dass Preininger danach auch noch ein Bad im See nimmt und – bis ihn der Blitz trifft – genießen kann („Er schrie vor Vergnügen. Noch nie hatte er sich so lebendig gefühlt“, S. 13) zeigt seine unbändige Vitalität und verschafft ihm bei aller aufgeblasenen Provinzialität fast eine gewisse Bewunderung des Lesers.

Was erfährt man sonst über Preininger? Dass er sechzig Jahre alt und nach eigenen Angaben „der reichste Mann im Salzkammergut“ (S. 10) ist, dass er über viel Besitz verfügt und jedenfalls einer seiner Geliebten, nämlich Frau Huchel, regelmäßig etwas zukommen lässt (anderen Frauen wird es ähnlich gehen, sonst wären sie beim Begräbnis kaum so herzzerreißend trauernd vertreten): ein regionaler Mogul also, dessen Lächerlichkeit durch die offenbar praktizierte Devise „Leben und leben lassen“ gemildert wird.

Unter den Kunden der Trafik fallen mancherlei kauzige Figuren auf. Zu ihnen gehört eine Dame, die mehrere kurze Auftritte hat. Der erste karikiert die Titelsucht, die Österreichern häufig nachgesagt wird:

Frau Dr. Dr. Heinzl

> „Frau Dr. Dr. Heinzl, die die Universität nicht einmal als Gebäude erkennt hätte, geschweige denn sie jemals betreten hatte. Frau Dr. Dr. Heinzl war zweimal verheiratet gewesen, einmal mit einem jüdischen Zahnarzt und später mit einem schon bei der Hochzeit steinalten Juristen. Die beiden Herren folgten den meisten anderen Wienern auf ihrem letzten Weg zum Zentralfriedhof, die Doktortitel jedoch blieben und wurden fortan von der Witwe Heinzl stolz durch die Gegend getragen. Außerdem trug sie eine bläuliche Perücke, fächelte sich auch im Winter mit einem Paar lachsfarbener Seidenhandschuhe beständig Luft ins Gesicht und verlangte jeden Tag mit leicht näselndem Aristokratenton ein Exemplar der *Wiener Zeitung* und der *Reichspost*.“ (S. 30 f.)

Aber in diesem satirisch zugespitzten Charakteristikum erschöpft sich die Figur nicht. Bei der zweiten Attacke auf die Trafik, als nach dem Umschwung erneut morgens die Auslagen verwüstet sind, halten sich die vorübergehenden Menschen, die beim ersten Mal noch Neugier gezeigt haben, auffallend zurück. Und dann heißt es:

> „Auf der anderen Straßenseite ging eilig Frau Dr. Dr. Heinzl vorüber. Sie schien sehr auf ihren Weg konzentriert, hatte jedenfalls keinen Blick für die Trafik.“ (S. 154)

Ausgerechnet die Kundin, die immer ihre zwei Zeitungen in der Trafik gekauft hat, schaut weg und erscheint hier als Opfer der Einschüchterung, die offenbar überall um sich greift! Erst als Franz vorübergehend und im Auftrag der Obrigkeit die Trafik weiterführt, taucht sie wieder auf und liest an der Tür Franzens Traum vom Untergang Wiens (vgl. S. 180). Ihre Betroffenheit hält sich aber in Grenzen …

Briefträger Pfründner

Ein Opfer der Einschüchterung, die seit dem „Anschluss" über der Stadt lastet, ist auch der Briefträger Pfründner. Bevor er die Nachricht von Trsnjeks Tod überbringt, gibt ihm der Roman Raum für eine Selbstreflexion. Dabei stellt er fest, dass „die Nazis sich auch in der Postzentrale eingenistet hatten" (S. 187), woran ihn vor allem unbequemere Dienstzeiten stören. Und dass die umfangreiche Post vor Professor Freuds Haus neuerdings durch „die beiden Zivilen, schiefe Gestalten mit zigarettengelben Gesichtern und schattigen Augen" (S. 188) kontrolliert und teils einbehalten wird, hält den Briefträger bei seiner Arbeit auf. Aber schwere Bedenken kommen ihm nicht:

> „Und vielleicht, wer weiß, hatten sie ja sogar recht, überlegte Heribert Pfründner weiter, immerhin war dieser Freud erstens ein Professor und zweitens ein Jud, und bei beidem konnte man bekanntlich nie so genau wissen." (S. 188 f.)

Immerhin melden sich bei aller Anpassungsbereitschaft Pfründners dann später doch gewisse Zweifel, so dass sich in seinen Gedanken Erwägungen der Berufsehre, leise Empörung und Verharmlosung mischen:

> „Zum Beispiel diese Geschichten mit den Juden, die man in letzter Zeit immer öfter hörte: ob es nicht eigentlich doch ein bisschen eine Sauerei war, die Juden aus ihren Wohnungen, Geschäften, Ämtern, insbesondere auch aus allen Postämtern zu schmeißen und sie obendrein noch auf den Knien die Gehsteige auf und ab rutschen zu lassen? […] Und wirklich musste man ja mittlerweile schon fast jeden zweiten Brief im aufgeschlitzten Kuvert zustellen, was natürlich nichts anderes als eine ausgemachte Schande für jeden einigermaßen ehrenhaften Briefträger und damit insbesondere auch für ihn, Heribert Pfründner […] darstellte." (S. 210 f.)

Mrs. Buccleton

Im Gegensatz zu diesen episodisch auftauchenden Figuren kommt Freuds Patientin Mrs. Buccleton nur einmal vor. Dem sorgenvollen und unwilligen Psychoanalytiker geht sie vor allem auf die Nerven. Sie ist eine reiche Amerikanerin, unansehnlich und korpulent, mit infantilen Verhaltensweisen, die ihrem Selbstmitleid und ihrer Tränenflut freien Lauf lässt (vgl. S. 53). Der Roman scheint hier in verdächtige Nähe zu einem Klischee zu geraten, so als ob der Seelenarzt wenigstens einmal als „Deppendoktor" in Aktion gezeigt werden sollte. Die Pointe wäre dann, dass die Sitzung unergiebig bleibt.

Der „Verhärmte"

Während alle bisher genannten Nebenfiguren immerhin einen Namen haben, ist das bei zwei anderen (gleichfalls scharf porträtierten) nicht der Fall. Sie stehen noch deutlicher für einen Verhaltenstypus: Zweimal, nämlich zuerst bei Trsnjeks und dann bei Franzens Verhaftung, fährt ein „altmodischer, dunkler Wagen" (S. 154; 245) vor, aus dem „ein etwas verhärmt aussehender Mann mit gelblichem Beamtengesicht" (S. 154) steigt. Er dirigiert das Vorgehen der jeweils zwei weiteren Schergen mit leisen Signalen, ist nicht selbst gewalttätig, hat aber das Geschehen im Griff. Die unheimliche Höflichkeit, fast Freundlichkeit, mit der er schon beim ersten Mal auftritt, geht in dem kurzen Gespräch beim zweiten Mal ins Gleichmütige über, verschärft sich dann aber ins offen Zynische:

> „Der Verhärmte seufzte, ließ seine Zigarillo auf den Boden fallen und trat sie aus. ‚Dass die Tage jetzt schon in aller Herrgottsfrühe so lang sein müssen', sagte er mit einem müden Kopfschütteln: ‚Darf ich bitten?'
> ‚Einen Augenblick noch', bat Franz. Er beugte sich ein bissschen näher an den Zettel heran und klebte konzentriert einen weiteren Streifen darüber.
> ‚Das hat doch keinen Sinn mehr, Burschi!' sagte der Verhärmte.
> ‚Was Sinn hat und was nicht, wird sich erst herausstellen', sagte Franz. ‚Außerdem heiße ich Franz. Franz Huchel aus Nußdorf am See!'
> ‚Meinetwegen kannst du auch der Franz aus den Tiroler Bergen sein', sagte der Verhärmte freundlich, ‚oder der Hans aus Unterfladnitz oder sonst irgendjemand von sonst irgendwoher. Wir machen da keine Unterschiede. Im Hotel Metropol sind alle Gäste gleich. Also gehen wir jetzt, oder muss ich erst grantig werden?'" (S. 246 f.)

Mit jedem Ton spricht hier der anonyme Funktionär, der seine Dienste für das Unrechtsregime ohne Aufregung und ohne jede menschliche Regung versieht und für den auch die Menschen austauschbar sind.

Die einkaufende Frau

Gegen Ende des Romans schließlich wechselt die Erzählperspektive für eine längere Passage zu einer gleichfalls namenlosen Frau, die lustvoll ausbreitet, was sie an widersprüchlichen Beobachtungen und Gerüchten über ein merkwürdiges Ereignis in der vergangenen Nacht gehört hat: Vor dem Hotel Metropol hat jemand eines der drei Hakenkreuzbanner heruntergeholt und durch eine schäbige einbeinige Herrenhose ersetzt – und dann geschah etwas noch Merkwürdigeres:

> „Genau in dem Moment ist nämlich ein Wind aufgekommen. […] Eine Weile ist die Hose also einfach so herumgeflattert, aber dann, ganz plötzlich, ist sie stillgestanden, ist praktisch waagrecht in der Luft gelegen. Und für einen kurzen Augenblick hat dieses braune, zerknitterte und schon ein bisserl ausgebeulte Hosenbein dort oben im Himmel ausgesehen wie ein Zeigefinger. Wie ein riesiger Zeigefinger, der den Leuten einen Weg weist. Wohin der genau gezeigt haben soll, bleibt natürlich allerhöchstens Spekulation." (S. 242)

Wer das war? Für die Frau ist eines klar:

> „Natürlich ein Mann, weil nämlich eine Frau auf eine derartige Hirnrissigkeit nicht einmal eine einzige Sekunde verschwenden würde." (S. 239).

Diese Folge von lediglich gehörten Beobachtungen und kolportierten Gerüchten ist im endlosen Redefluss der Frau untermischt mit Einkaufkommandos („Geben S' mir bitte gleich auch noch zwanzig Deka Butter und drei Kilo Erdäpfel", ebd.), mit Hausfrauenweisheiten („Haben S' einen guten Quargel? Nein, der ist nichts, der riecht mir nicht. Ein Quargel muss riechen, sonst ist es ja kein Quargel", S. 240) und treffenden, aber völlig arglos dahergeredeten Zeitschilderungen:

> „[…] was gestern noch ein Gesindel war, das setzt sich heute einfach einen anderen Hut auf und steht plötzlich als hochanständiger Mensch da. Aber bitte, man will ja nichts gesagt haben." (S. 239)

Auch das ist ein Blick ins trübe Bewusstsein vieler Zeitgenossen, in dem ein dumpfes Gefühl für das Unheilvolle der Entwicklung neben Feigheit, Klatschsucht und hausbackener Selbstbegrenzung besteht. Warnzeichen (wie etwa die auf die Gestapo-Zentrale deutende Hose) werden zwar wahrgenommen, aber nicht verstanden.

Thematische Schwerpunkte

Erwachsenwerden

KURZINFO

Aspekte des Erwachsenwerdens

- Erwachsenwerden als komplexer Vorgang
- Franz Huchels Weg von Unmündigkeit zu Verantwortung
- Herausbildung einer Identität

Erwachsenwerden als Romanthema

Erwachsenwerden ist ein literarisches Thema, das in vielen deutschen Romanen des 18. und 19. Jahrhunderts im Vordergrund steht, von Karl Philipp Moritz' *Anton Reiser* (1785–90) und Goethes *Wilhelm Meisters Lehrjahre* (1795/96) bis Gottfried Kellers *Der grüne Heinrich* (1854/55) und Adalbert Stifters *Der Nachsommer* (1857). Ein später Nachklang ist noch Hermann Hesses *Das Glasperlenspiel* (1943). Man hat diese Werke als Erziehungsromane, als Bildungsromane oder auch als Entwicklungsromane bezeichnet. Eine genaue Abgrenzung ist kaum möglich, weil diese Einordnungen verschiedene Komponenten eines komplexen Entwicklungsprozesses in den Vordergrund stellen.

In all diesen Werken – wie in der Realität – bedeutet Erwachsenwerden nämlich vielerlei, zunächst einen inneren Vorgang, der beginnend in der Pubertät mit komplexen körperlichen und geistigen Entwicklungen einhergeht. Dazu tritt aber auch die zunehmend selbstständige Auseinandersetzung mit anderen Menschen, mit den bisher nächststehenden wie etwa den Eltern, aber auch mit nach eigener Wahl neu in nähere Beziehung tretenden Personen. Damit verbunden bedeutet Erwachsenwerden das Reagieren und Einwirken auf die gesamte Welt ringsum. Das Ergreifen von Bildungswegen, Arbeits- und Partnerwahl, Übernahme von Verantwortung und Herausbildung einer reflektierten Identität sind Stationen auf diesem Weg.

Der unmündige Franz Huchel

Franz Huchel ist zu Beginn des Romans *Der Trafikant* unmündig und passiv. Da ist die Rede von seinem „bislang eher ereignislos vor sich hintröpfelnden Leben", er erscheint „tief ins Bett verkrochen" und in der „Sicherheit seiner warmen Daunenhöhle" (S. 7). Franz lebt bei seiner Mutter und hat keine geregelte Beschäftigung. Der Anstoß zum Verlassen dieser engen und öden Welt kommt von außen und macht ihm erst einmal Angst (vgl. S. 16). Schon bald nach dem Aufbruch treten jedoch frohe Erwartungen an die Stelle dieser Abwehr:

> „Vor seinem Inneren tauchte die Zukunft auf wie ein weit entfernter Uferstreifen aus dem Morgennebel: noch ein bisschen undeutlich und vermischt, aber doch auch verheißungsvoll und schön." (S. 17)

Auf den neuen Aufenthaltsort und die neue Arbeit – beide bescheiden genug – lässt sich Franz bereitwillig und mit positiven Gefühlen ein (siehe Lektürehilfe S. 44).

In Trsnjeks Trafik lernt Franz vielerlei. Wollte man die Kategorien des Bildungs- oder Erziehungsromans anwenden, so wäre Trsnjek, der ihm erste Orientierung gibt und ihn anleitet, in der Rolle des Mentors, also des erfahrenen und weltkundigen Erziehers. Nur dass die Trafik, von deren Blickwinkel er ausgeht, einen stark verengten Weltausschnitt vermittelt, so dass man eher von einer Schwundstufe oder Parodie des Erziehungsromans sprechen kann. Da sind die Zigarren, die den Kunden Genuss verschaffen (und auch die „Zärtlichen Magazine", die für spezielle Genüsse stehen, grob gesprochen für das „Laster", S. 33), und da sind die Kunden, auf die man sich, wie Trsnjek betont, einzeln einlassen muss, ganz gleich ob es sich um Menschentypen oder Individuen handelt.

Durch die Zeitungen, die Franz nun jeden Tag studieren muss, lernt er die soziale und politische Welt kennen, in der er sich jetzt bewegt, und zwar sowohl in ihrer Widersprüchlichkeit als auch in ihrer feindseligen Haltung. So ist er z. B. nach dem politischen Umschwung in der Lage, den plötzlichen Wandel von der vielstimmigen zur gleichgeschalteten Information kritisch wahrzunehmen. Zu einem klaren Standpunkt verhelfen ihm auch die bestürzenden Attacken, denen der Trafikant ausgesetzt ist.

Befreiung aus der Mutterbindung

Franz' Befreiung aus der engen Mutterbindung verläuft nicht geradlinig. Das spiegelt sich in den Anreden. Von dem gewohnten „Liebe Mama" noch im ersten Brief (S. 161) kommt Franz in Gedanken ab, weil auch Frau Huchel etwas ändert:

> „*Deine Mutter* hatte sie geschrieben, und nicht *Deine Mama*, wie auf den Ansichtskarten oder wie früher immer […]. Kinder haben Mamas, Männer haben Mütter." (S. 172)

Noch viel später, nachdem Franz mit dem Angriff auf den Fleischermeister schon energisch zu handeln begonnen hat, beginnt er aber wieder einen Brief mit „Liebe Mama" (S. 196). Immerhin fühlt er sich jetzt eigenverantwortlich und betont im selben Brief, dass er jetzt die Trafik weiterführen muss: „Unbedingt muss es weitergehen." (Ebd.)

Identitätsbildung

Dass mit diesen Entwicklungen bei aller fortbestehenden Naivität Franz Huchels auch die Herausbildung und das Bewusstsein einer scharf umrissenen Identität einhergeht, wird nicht nur in seinem entschiedenen Handeln deutlich, etwa bei den hartnäckigen Nachforschungen zum Schicksal Trsnjeks und zuletzt in der tollkühnen symbolischen Provokation, die im Ersetzen eines Hakenkreuzbanners durch Trsnjeks Hose liegt. Und so gewinnt auch die mehrfache Zurückweisung der Anrede „Burschi" und das Bestehen auf dem individuellen Namen (siehe Lektürehilfe S. 46) tiefe Bedeutung.

Liebe und Sexualität

KURZINFO

Verwirrender Lebensbereich

- Den Anstoß zur Suche nach einem Mädchen erhält Franz von außen.
- Er fixiert sich völlig auf Anezka.
- Die befragten Ratgeber sind selbst ratlos.

Zum Erwachsenwerden gehört auch das Erwachen der sexuellen Bedürfnisse. Damit und mit Franzens Versuchen, sich nach der ersten täppischen Annäherung an Anezka in diesem verwirrenden Lebensbereich neu zu orientieren, schlägt der Roman das große Thema der Liebe und Sexualität an.

Anstoß von außen

Merkwürdigerweise – bei einem siebzehnjährigen Jungen! – muss auch hier der Anstoß von außen kommen, nämlich durch Freuds Rat „Such dir ein Mädchen" (S. 43). Dann allerdings überkommt Franz das Verlangen nach dem anderen Geschlecht mit solcher Wucht, dass seine ganze Weltorientierung ins Wanken gerät. Er überspringt nun – auch das ist eigentümlich – die Phase der ziellosen Sexualität und fixiert sich gleich mit großer Ausschließlichkeit auf Anezka. Sie ist das erste Mädchen, das ihm begegnet, ihm gefällt und sich mit ihm abgibt. Dass die Beziehung zu ihr jedoch erst einmal abbricht und sich auch nach weiteren Kontakten in vielfacher Hinsicht als problematisch erweist, stürzt Franz in tiefe Verwirrung und stellt ihn vor drängende Fragen nach dem Wesen der Liebe und der Beziehungen zum anderen Geschlecht.

Wendung an Ratgeber …

Da Franz auf diese Fragen selbst keine Antwort findet, wendet er sich an vermeintlich erfahrene Ratgeber. Da ist Freud, der ihn auf diesen Weg gebracht hat und als Autorität für seelische Prozesse gilt. Da ist auch Trsnjek, der Franzens kritischen Zustand mit fast väterlicher Sorge bemerkt. Da ist natürlich auch die lebenserfahrene Mutter, immer noch seine Vertrauensperson. Sie kann zwar nur aus der Ferne Rat schicken, befindet sich aber anders als die beiden alten Männer noch nicht jenseits der Liebeswirren.

Doch Franz erhält dabei so gut wie keine Aufschlüsse, mit denen er etwas anfangen könnte. Und das in Bezug auf alle Personen, an die er sich wendet. Am wenigsten verwunderlich ist das im Fall von Trsnjek. Nicht nur wegen seines Alters, sondern auch wegen seiner Invalidität erklärt er sich gleich für inkompetent (siehe Lektürehilfe S. 62 f.), auch wenn das offenbar einmal anders war:

... Trsnjek

> „Früher vielleicht, da war in dieser Hinsicht noch was los mit mir. Frag deine Mutter, die wird sich wahrscheinlich noch daran erinnern." (S. 68 f.)

Von Inkompetenz oder einer vom Leben verschütteten Kompetenz kann bei Franzens Mutter nicht die Rede sein. Als lebens- und offenbar auch liebeserfahrene Frau legt sie Wert auf ihre Attraktivität („wenigstens ist der Hintern noch einigermaßen fest", S. 171), hat wohl nicht nur mit Franzens Vater, Trsnjek und Preininger Verhältnisse unterhalten und gibt noch in ihrem letzten Brief deutlich Interesse an einem „fesche[n] Kerl" (ebd.) zu erkennen. Aber ihrem Sohn die Liebe erklären? Das hält sie für unmöglich, und zwar keineswegs nur für sich selbst:

... die Mutter

> *„Du fragst mich, ob ich irgendetwas über die Liebe weiß. Die Wahrheit ist: Ich weiß nichts darüber. Obwohl ich sie kennengelernt habe. Keiner weiß etwas über die Liebe. Und doch haben sie die allermeisten schon erlebt. Die Liebe kommt und geht, und man kennt sich vorher nicht aus, und am allerwenigsten kennt man sich aus, wenn sie da ist. Und deswegen lass Dir eines sagen: Niemand taugt für die Liebe, und trotzdem oder gerade deswegen erwischt sie fast jeden von uns irgendwann einmal!"* (S. 170 f.)

Obwohl diese Antwort von einer wenig gebildeten Frau stammt, führt sie tief in die Paradoxien, die das literarische Thema Liebe schon seit der Antike prägen. Bereits in der antiken erotischen Dichtung ist die Verwirrung, in die die Liebe den Menschen stürzt, ein zentrales Motiv, und schon da werden die Widersprüche zur Sprache gebracht. Catull (1. Jh. v. Chr.) spricht von „dulcis amarities" (*Carmina* 68, V. 18), also von „süßer Bitternis". Ovid (43 v. Chr.–17 n. Chr.) prägt dann das berühmte Wort vom „dulce malum" (*Amores* II,9,26), vom „süßen Übel" – er bezieht das zwar zunächst auf die Geliebte, aber es ist zur griffigen Formel für den Zustand selbst geworden. Später in Italien entfaltet Francesco Petrarca (1304–1374), der einflussreichste nachantike Liebesdichter, in vielen seiner Sonette solche Gegensätze. Bei all diesen Autoren wird auch die rhetorische Figur des Oxymorons, des pointierten Zusammenfügens von sich widersprechenden Gegensätzen, zum Ausdrucksmittel für die verstörende Rätselhaftigkeit der Liebe. In den Widersprüchen, die die völlig unliterarische Frau Huchel ihrem Sohn präsentiert, spiegelt sich also eine uralte Tradition der Liebesdichtung. Womit dem ratlosen Franz natürlich nicht geholfen ist …

… Freud

So liegt es nahe, dass er bei Sigmund Freud die Hilfe sucht, die dieser als berühmter Seelenarzt geben sollte. Dem ist allerdings nicht so. Zum einen fühlt sich Freud als alter und schwer kranker Mann bei dem Thema nicht wohl, kaum anders als Trsnjek. Zum anderen grenzen manche seiner Ratschläge für Franz bedenklich an das Niveau von Altherrenwitzen oder bleiben rein metaphorisch:

> „Mit Frauen ist es wie mit Zigarren: Wenn man zu fest an ihnen zieht, verweigern sie einem den Genuss." (S. 45)

> „‚Die Liebe ist ein Flächenbrand, den niemand löschen will und löschen kann', sagte er und sah zu, wie die Ascheflöckchen langsam auf den Kies hinuntertrudelten." (S. 132)

Und die einzige handfeste Aussage in einem Gespräch, das Freud dann recht schnell abbricht, geht nicht über das hinaus, was auch Frau Huchel wusste: „Von der Liebe versteht nämlich niemand irgendetwas." (S. 44)

Wie erlebt aber nun Franz die Liebe? Sie überfällt ihn mit Urgewalt, als er auf Freuds Rat hin im Sonntagsanzug auf Mädchenfang geht. Und zwar im Prater, wo auf Schritt und Tritt vergnügte Menschen sind: „Es wurde viel gelacht, umarmt und geküsst." (S. 48) Als Franz, ergriffen von einer „Welle der Traurigkeit" (S. 50), schon enttäuscht gehen will,

> „wurde er von einer ganz anderen, weitaus größeren, heißeren und wilderen Welle erfasst, umspült und durchge-

schüttelt: direkt vor ihm, in etwa zehn Metern Entfernung, stieg ein Gesicht in den Himmel auf, ein rundes Mädchengesicht, hell und lachend und umrahmt von einem Strahlenkranz strohblonder Haare." (S. 50 f.)

Dieses geradezu wie eine himmlische Erscheinung aufsteigende Bild des Mädchens erklärt sich dann einfach damit, dass Anezka sich auf einer Schiffschaukel auf- und niederbewegt. Franzens Faszination aber ist damit eindringlich dargestellt. Dass dabei viel Idealisierung und vor allem auch Illusion im Spiel ist, wie das Bild der Welle (vgl. S. 50) belegt, das zur traditionellen Metaphorik der Liebesdichtung gehört, versteht sich. Für den von solcher Bezauberung freien Kellner, den Franz später nach Anezka fragt, ist sie ja nur eine „dicke Böhmin" und „ausgefressene Landpomeranze" (S. 84).

Stendhals Modell der Kristallbildung

Stendhal (1783–1842), einer der großen Psychologen unter den Romanschriftstellern des 19. Jahrhunderts, hat den seelischen Vorgang, der sich bei Liebenden abspielt, mit einem naturwissenschaftlichen Phänomen verglichen:

„Beobachten wir einmal, was innerhalb von vierundzwanzig Stunden im Kopf und Herzen eines Liebenden vorgeht. Wenn wir in den Salzbergwerken bei Salzburg in die Tiefe eines verlassenen Schachtes einen entblätterten Zweig werfen und ihn nach einigen Monaten wieder hervorziehen, so ist er über und über mit glitzernden Kristallen bedeckt. Selbst die kleinsten Ästchen, die kaum größer sind als die Krallen einer Meise, sind mit unzähligen hellfunkelnden Diamanten besät, so daß man den kahlen Zweig nicht wiedererkennt.
In diesem Sinne nenne ich Kristallbildung die schöpferische Tätigkeit unseres Geistes, der bei jeder neuen Betrachtung der Geliebten immer neue Vorzüge an ihr entdeckt." (Stendhal, *Über die Liebe*, 1822, übers. von Arthur Schurig, Jena: Eugen Diederichs, 1911, S. 6)

Die ebenso idealistische wie illusionäre Form der Liebe, bei der intensive persönliche Gefühlsbindung und sexuelle Anziehung untrennbar zusammenfallen, empfindet in *Der Trafikant* allerdings nur Franz. Anezka ist ihm zwar sinnlich durchaus zugetan, nimmt ihn aber noch bei der letzten Begegnung nur als „Burschi" (S. 203) und nicht als Franz wahr. Offensichtlich ohne Skrupel tauscht sie ihn in der von Männern und Macht dominierten Welt, wo nur Anpassung und Kompromisse weiterhelfen, gegen den erotisch unattraktiven SS-Mann ein (siehe Lektürehilfe S. 57). Auch Franzens Mutter macht sich in Liebesdingen keine Illusionen; allerdings besitzt sie, wie die Episode mit der Zudringlichkeit des Wirts zeigt, auch die Fähigkeit zu Ausflüchten (vgl. S. 169) und handfester Selbstbehauptung (vgl. S. 243 f.).

Was für den grundsätzlichen Umgang mit der Liebe, dieser tief verunsichernden und verwirrenden Lebensmacht, bleibt, ist die Ratlosigkeit der Mutter, aber auch Freuds. Solche Unkalkulierbarkeit entspricht dem sich unablässig drehenden Riesenrad im Prater, dessen Bild den Roman durchzieht und von Franz immer wieder mit Anezka assoziiert wird. Das beginnt mit seiner Einladung ganz zu Beginn (vgl. S. 52) und geschieht am eindrucksvollsten in der visionären Traumniederschrift (vgl. S. 180) von der Zerstörung Wiens.

Erzählweise

KURZINFO

Komplexe Erzählform bei lockerem Aufbau

- Der Erzählstrom folgt meist Franz Huchels Perspektive.
- Es sind aber Wechsel zum Blickwinkel anderer Figuren eingestreut.
- Als weitere Mittel zur Strukturierung dienen Rückblenden, Briefe und Traumnotizen.
- Mehrfach schaltet sich ein allwissender Erzähler ein.
- Gegen Ende tritt Franz Huchels Perspektive in den Hintergrund.

Lockerer Aufbau

Der Trafikant ist nicht in Kapitel eingeteilt, sondern weist lediglich Erzählabschnitte auf, die nur relativ unauffällig durch Leerzeilen voneinander getrennt und von sehr ungleichem Umfang, also nicht eigentlich ausgewogen dimensioniert sind (vgl. Lektürehilfe S. 5). Dieser lockere Aufbau folgt meistens der zeitlichen Abfolge der Handlung. Dem widersprechen auch nicht die zahlreichen Einschübe, in denen sich Franz an frühere Geschehnisse erinnert und von denen dann wieder in die Erzählgegenwart zurückgelenkt wird. Solche Rückblenden spielen sich ja im Bewusstsein der Figur ab, unterbrechen also den Fluss der Ereignisse nicht wirklich. Allerdings kommen auch echte chronologische Sprünge vor, bei denen also später erzählt wird, was vorher geschehen ist. Preiningers Tod etwa wird gleich zu Beginn von Frau Huchel mitgeteilt, erst danach aber als Begebenheit erzählt. Solche Schwenks treten aber zu selten auf, um als bewusst eingesetztes Gestaltungsmittel zu wirken.

Rückblenden

Damit weist der Roman eine außerordentlich lockere Komposition ohne offensichtliche formale Einheitlichkeit auf. Immerhin sind aber Anfang und Ende miteinander verklammert. Dies ergibt sich daraus, dass in beiden Fällen schweres Unheil förmlich „in der Luft“ liegt. Gleich der erste Satz des Romans spricht nämlich von dem „ungewöhnlich heftige[n] Gewitter“ (S. 7), das Preiningers Tod und damit Franzens folgenschwere Übersiedlung nach Wien zur Folge hat. Und am Ende ist „der Himmel längst erfüllt vom rasch anschwellenden Motorengeräusch der alliierten Bomberverbände“ (S. 250), die Wien und damit auch die kleine Welt des Romans in Schutt und Asche legen werden.

Der Text hält sich in seiner Erzählweise vor allem an das Erleben der Hauptfigur Franz Huchel. Er ist aber nicht ganz konsequent daran gebunden: Zwar ist Franzens Perspektive im Roman vorherrschend, die Geschehnisse werden vorwiegend aus seinem Blickwinkel erzählt und sind auch da, wo es scheinbar um objektive Vorgänge geht, mit seinen Assoziationen, Erinnerungen, Gefühlen und Wertungen unterlegt. So wie das etwa exemplarisch in der Episode geschieht, in der Franz Anezkas Striptease im Varieté erleben muss:

Franzens Perspektive

> „Einige Männer lächelten blöde. Andere erstarrten. Einer lachte hell auf. Ein anderer ließ sich wie von einer schweren Last befreit nach hinten gegen seine Stuhllehne fallen. Franz starrte auf Anezkas Brüste. Noch vor Kurzem hatte er mit dem Gesicht zwischen ihnen gelegen, hatte glücklich in diese zarte Mulde hineingeschnauft und sich auf merkwürdige Art zuhause gefühlt. Jetzt prangte ihr Busen in aller Öffentlichkeit herum. Ein Allgemeingut. Eine Sehenswürdigkeit. Das Schlimmste aber war, dass sie es zu genießen schien.“ (S. 109)

Wechsel der Perspektive zu anderen Figuren

Jedoch folgt das Erzählen über kürzere Strecken auch dem Blickwinkel anderer Figuren wie etwa dem Preiningers (vgl. S. 10 ff.), Professor Freuds (vgl. S. 69 ff.), des Roten Egon (vgl. S. 143 ff.), des Briefträgers Pfründner (vgl. S. 209 ff.), der anonymen einkaufenden Frau (vgl. S. 237 ff.) und der Mutter (vgl. S. 243 f.).

Eingeschobene „Dokumente"

Durchsetzt ist der Roman zudem mit zahlreichen Passagen, die als eingeschobene „Dokumente" zu verstehen sind. Da handelt es sich um Postkarten- und Brieftexte, um Traumnotizen, je einmal auch um eine Ladenschildbeschriftung (vgl. S. 22) und einen satirischen Liedtext (vgl. S. 102). Solche Stellen sind im Druckbild auffällig hervorgehoben, und zwar jeweils durch Leerzeilen zu Beginn und am Ende, ferner durch Kursivdruck, in einem Fall (bei der amtlichen Mitteilung S. 191 f.) auch durch abweichende Schriftgröße, Schriftart und Formatierung, um das „Dokument" echt wirken zu lassen. All diese Einschübe treten daher mit einer gewissen Selbstständigkeit aus dem Erzählstrom heraus.

Traumnotizen

Besondere Beachtung verdienen Franzens Traumnotizen, die er auf Anregung von Professor Freud verfasst. Wer nun aber erwartet, dass die Romanfigur Freud, hinter der in der Realität der Autor des bahnbrechenden Werks *Die Traumdeutung* (siehe Lektürehilfe S. 51) steht, die Ergebnisse seiner Empfehlung beurteilt oder auch nur zur Kenntnis nimmt, wird enttäuscht. Weder kommt er darauf zurück, noch legt ihm Franz seine Notizen vor. Dabei haben diese insgesamt sechs Texte, alle aus dem letzten Drittel des Romans, einen eigenen Ton.

In konzentrierter Form geben sie Einblick in Franzens Probleme, Sehnsüchte und Ängste. Sie präsentieren bedrohliche Situationen, meist in beängstigender Verzerrung ‚realer' Szenerien. Die Behandlung des Vaters im geträumten Amt (vgl. S. 173) nimmt Franzens eigene gewaltsame Abfertigung im Gestapo-Hauptquartier vorweg, der Todessprung des Mannes von der Votivkirche (vgl. S. 179) variiert den Selbstmord des Roten Egon. Der Unfall mit dem Dampfer und die Vernichtung Wiens durch das einstürzende Riesenrad zeigen dann in sich steigernder Intensität den Zusammenbruch der nationalsozialistisch verdorbenen Welt, in der sich Franz sieht. Durch die letztere und wohl wichtigste Traumnotiz geistert auch eine weibliche Gestalt, von der es nach der Katastrophe heißt: „[...] das Mädchen juchzt, und sein Kleid ist leicht und weiß wie ein Wolkenfetzen." (S. 180)

In den Traumnotizen ist also deutlich gegeben, was der historische Sigmund Freud als das Wesen des Traums definiert: „Der Traum ist die (verkleidete) Erfüllung eines (unterdrückten, verdrängten) Wunsches" (S. Freud, *Die Traumdeutung*, Frankfurt a. M.: S. Fischer, 1972, S. 175). Dem Träumenden erscheint das Mädchen im Prater, dem Ort der ersten Begegnung. Es steht offensichtlich für Anezka, das einzige Mädchen, mit dem Franz in seinem Leben zu tun hatte. Im Traum entgeht es der drohenden Vernichtung. Und das weiße Kleid? Es hat die traditionelle Farbe der Unschuld, zeigt also, dass Franz sich eine nicht von erotischer Flatterhaftigkeit verdorbene Anezka erträumt. Da kommen Wünsche ans Licht, die sich nicht erfüllen werden: Am Ende des Romans trägt Anezka, die sich ja mit dem SS-Mann eingelassen hat, kein weißes Kleid, sondern eine „Männerjacke" (S. 248) – und ob sie den nahenden Bomben entgehen wird, ist höchst zweifelhaft.

Anezka im weißen Kleid

Einige Motivketten mit symbolischer Aussagekraft, die den Roman durchziehen, prägen ganz besonders die Traumvorstellungen, die Franz schriftlich festhält. Da ist vor allem das Riesenrad, das schon bei Franzens erster Begegnung mit Anezka eine bedeutsame Rolle spielt. Das sich drehende Rad mit seinem Auf und Nieder ist ja ein traditionelles Bild für die Wechselfälle des Geschicks. Da ist der See, für Franz Ort einer behüteten Kindheit, jetzt aber wie schon in den Briefen der Mutter von der Naziherrschaft überschattet. Da sind im Hintergrund Vögel wie etwa der „Kranich", der „ein Kreuz über den Himmel" (S. 179) zieht. Da sind aber auch wie im ganzen Roman Blumen, in der letzten Traumnotiz besonders auffällig „Geranien" (S. 250), die in der Nacht leuchten und damit eine Stelle vom Anfang des Romans wieder aufgreifen: „[...] durch das mit Wasser besprenkelte Fenster leuchtete ein einzelnes Geranienblütenblatt wie

Symbolische Motive und Requisiten

ein zartroter Hoffnungsschimmer“ (S. 8). Schon bei Franzens Verhaftung ist die Hoffnung am Ende: „Auf der anderen Straßenseite ging ein Fenster auf, eine Hand mit einer Schere erschien und schnitt einer Geranie ihren Blütenkopf ab“ (S. 246). Das ist schon ein fast aufdringlich deutlicher Hinweis. Man könnte hier wie auch bei den Zigarren, die den Austausch Freuds mit Franz immer wieder begleiten, von symbolischen Requisiten sprechen. Robert Seethaler selbst hat sich zu solchen Gestaltungsweisen sehr zwiespältig geäußert:

> „Eigentlich mag ich Symbole oder Metaphern nicht besonders, sie gehen meist schief. Trotzdem ertappe ich mich immer mal wieder dabei, dass ich sie schreibe, aber das ist gar nicht so gedacht“ (R. Seethaler im Gespräch, „Freud kennt sich mit der Liebe auch nicht aus“, in: *Psychologie Heute* 5, 2015, S. 76).

Trotz der formalen Hervorhebung der „Dokumente“ ist jedoch auch an all diesen Stellen Franz Huchels beherrschender Blickwinkel gewahrt. Die Postkarten- und Brieftexte werden immer dann eingeschoben, wenn er sie verfasst oder erhält, und auch die Traumzettel werden dem Leser an den Stellen der Handlung präsentiert, an denen Franz sie notiert oder am Schaufenster anbringt.

Kommentare des Erzählers

Darüber hinaus gibt es auch Passagen, in denen der Erzähler den Blickwinkel bestimmter Figuren ganz verlässt und zusammenfassend berichtet. Schon der Beginn des Romans geht, bevor er in Franzens Erlebnishorizont einschwenkt, von eingestreuten Kommentaren des Erzählers aus, die auf dessen distanziertem, Vergangenes ebenso wie Zukünftiges umfassenden Überblick beruhen (Hervorhebungen in Kursivschrift: U. M.):

> „An einem Sonntag im Spätsommer des Jahres 1937 zog ein ungewöhnlich heftiges Gewitter über das Salzkammergut, das dem *bislang eher ereignislos vor sich tröpfelnden Leben Franz Huchels eine ebenso jähe wie folgenschwere Wendung geben sollte.* Schon beim ersten fernen Donnergrollen war Franz in das kleine Fischerhaus gelaufen, *das er und seine Mutter in dem Örtchen Nußdorf am Attersee bewohnten,* und hatte sich tief ins Bett verkrochen, um in der Sicherheit seiner warmen Daunenhöhle dem unheimlichen Tosen zuzuhören. Von allen Seiten rüttelte das Wetter an der Hütte.“ (S. 7)

Die Zeit- und Ortsangabe im ersten Satz wäre, wenn es bei ihr bliebe, als sparsamer „Anfangspunkt“ noch nicht auffällig, aber die Einschätzung des bisherigen Lebens des Jungen und vor allem der massive Vorgriff auf Künftiges („jähe wie folgenschwere Wendung“) resultieren aus Bewertungen und Kenntnissen, die nur der Erzähler haben kann. Erst danach taucht der Text eindeutig in Franzens Erleben ein.

Solche Einmischungen des Erzählers sind an anderen Stellen noch viel umfangreicher. So etwa bei dem Bericht über Trsnjeks Vorgeschichte, der Franzens Blickwinkel zu verlassen scheint:

> „In den ersten Wochen lernte Franz die Kunden kennen. Zwar gab es jede Menge Laufkundschaft, gehetzte Menschen, die hereingerannt kamen, atemlos ihre Wünsche hervorstießen, wieder hinausrannten und selten oder nie wieder gesehen wurden. Die meisten aber waren Stammkunden. Seit Otto Trsnjek im Jahr nach dem Krieg vom Invalidenentschädigungsgesetz die Trafik zugesprochen worden war, hatte er sich als feste Größe im Alsergrund etabliert. Niemand in der Gegend hatte ihn als jungen Mann gekannt. Eines Tages war er einfach da, war auf seinen Krücken die Währingerstraße heruntergeschwungen […].“ (S. 29 f.)

Immerhin könnte man aufgrund der ersten drei Sätze noch annehmen, dass hier wiedergegeben wird, was Franz von den Kunden erfährt; es sind ja Stammkunden, die die Vorgeschichte kennen müssten.

Eine andere Textstelle jedoch (und es ist nicht die einzige) bricht klar aus Franzens Perspektive aus: Die Quälereien, denen Menschen im Hotel Metropol ausgesetzt sind, können nicht von Franz erlebt und geschildert sein, sondern sie werden vom Erzähler berichtet. Der Beginn des entsprechenden Abschnitts könnte (trotz des weiträumigen Überblicks) noch mit Franzens Perspektive vereinbar sein:

> „Drei Wochen später, am Morgen des 17. Mai 1938, kündigte sich der Sommer an. Ein angenehm laues Lüftchen trieb die Nachtkühle aus den Straßen und über die Donau weit in die Schwechater Ebenen hinaus.“ (S. 185)

So geht es weiter. Dann aber lenkt der Erzähler in eine Szenerie über, die Franz nicht sehen und über die er auch nichts Genaues erfahren haben kann:

> „Im Keller der Gestapo-Dienststelle, in der ehemaligen Wäscherei des Hotels Metropol, mussten sich fünfzehn jüdische Geschäftsleute nackt ausziehen und mit den Händen über dem Kopf auf die Abholung zum Einzelverhör warten. In der Mitte des Raums waren ihre Kleider zu einem Haufen zusammengeworfen […]." (S. 186)

Unmittelbar danach schwenkt der Bericht zum Wiener Westbahnhof, wo politische Gefangene auf die Abfahrt ins Konzentrationslager warten. In der gesamten Textpassage ist also ein allwissender Erzähler am Werk; die sonst dominante personale Erzählhaltung mit ihrer Fixierung an Blickwinkel und Erleben von Franz oder einer anderen Figur ist durchbrochen.

Das erscheint nur auf den ersten Blick als Verlust an erzählerischer Konsequenz. Denn zu bedenken gilt: Die „personale Erzählsituation", so wie sie die Literaturwissenschaft definiert hat (in Abgrenzung zur „auktorialen Erzählsituation" mit dem allwissenden Erzähler und zur „Ich-Erzählsituation", die die 1. Person verwendet), ist keine dogmatisch zu befolgende Norm, sondern eine Abstraktion, die der erkennenden Unterscheidung dient. Perspektivenwechsel kommen bei vielen Romanautoren von Goethe und Fontane bis zur Gegenwart vor. Das Spiel mit wechselnden Perspektiven kann als reizvolles Gestaltungsmittel eingesetzt werden. In Seethalers Roman geschieht das eher unauffällig mit einer Ausnahme: Zumindest gegen Ende des Romans *Der Trafikant* ist Franzens Perspektive wohl bewusst zurückgedrängt. Schon am Tag von Freuds Abreise nach London taucht Franz, zufällig entdeckt von Freuds Tochter Anna, im Hintergrund kurz auf (vgl. S. 232). Dieselbe Szene wird, in zeitlichem Rückgriff, nochmals aus Franzens Sicht erzählt (vgl. S. 233 ff.). Ein fast kabarettistisch anmutender Höhepunkt ist dann der Bericht der geschwätzigen einkaufenden Frau (vgl. S. 237 ff.), aus dem man von Franzens gewagter Aktion mit dem Austausch von Fahne und Hose erfährt, mit allerhand Banalitäten vermischt (vgl. Lektürehilfe S. 68 f.).

Aufhebung von Franzens Perspektive am Ende

Anschließend schwenkt der Roman zu Frau Huchel, die am fernen Attersee von vager Sorge um Franz geplagt wird: „Wo bist du, mein Bub?“ (S. 244) Darauf folgt die Verhaftung (vgl. S. 255 ff.), die überraschend sanft und gerade deshalb unheimlich abläuft. Und zuletzt – nach sieben Jahren ist von dem verschollenen Franz längst nicht mehr die Rede – kommt Anezkas letzter Auftritt, ganz unpersönlich beschrieben, wie aus großer Entfernung. Selbst ihr Name wird nur beiläufig durch den Erzähler genannt. Diese Schlusswendungen signalisieren die allmähliche Entfernung von der zentralen Figur Franz mit ihrem absehbaren, aber nicht mehr gezeigten düsteren Schicksal. Das ist höchst eindrucksvoll mit dem erzählerischen Mittel des mehrfachen Perspektivenwechsels gestaltet.

Sprache

KURZINFO

Vielfalt, ironische Zwischentöne und Bildhaftigkeit

- Bei Franz und anderen Figuren ist die Sprache österreichisch gefärbt.
- Daneben gibt es weitere sozialtypische und regionale Eigenheiten.
- Immer wieder treten Signale der Ironie auf.
- Bildhaftigkeit und Lust an konkreten Details sorgen für Anschaulichkeit.

Wie alle früheren Romane Robert Seethalers ist auch *Der Trafikant* in einem beweglichen und entspannten, bisweilen zu drastischer Anschaulichkeit neigenden, viele verschiedene Schattierungen annehmenden Erzählton verfasst. Solche Leichtigkeit sichert dem Text anhaltendes Interesse des Lesers und macht ihn über weite Strecken zum Lesevergnügen. Er gliedert sich damit ein in eine gerade für österreichische Autoren bezeichnende Tradition des unprätentiösen Erzählens, die bedeutungsschwere Themen gerade nicht mit Pathos, sondern mit satirisch-melancholischen Zwischentönen und feinem Witz angeht. Das prägt vor allem die zeitkritischen Romane von Joseph Roth (*Hiob*, 1930; *Radetzkymarsch*, 1932; *Die Kapuzinergruft*, 1938) und Ödön von Horváth (*Der ewige Spießer*, 1930), aber auch die zahlrei-

Leichter Erzählton

chen Wiener Geschichten von Peter Altenberg wie auch Alfred Polgars Erzählungen und Skizzen.

Wie in all diesen Werken hat auch in *Der Trafikant* die gefällige Leichtigkeit des Tons nichts mit Oberflächlichkeit zu tun. Dafür sorgen neben dem im Hintergrund immer spürbaren Ernst der Geschichte oftmals unauffällige, aber wirksame sprachliche Mittel, die dem Erzählen eine hintergründige Tiefendimension geben. Da sind etwa ständig wiederkehrende Vorausdeutungen auf die bevorstehende schlimme Wendung der Dinge. Schon die Dame, die Franz am Wiener Westbahnhof anspricht, rät ihm zur sofortigen Rückfahrt:

Vorausdeutungen

> „‚Das ist nicht der Kanal, der da stinkt', sagte sie. ‚Das sind die Zeiten. Faulige Zeiten sind das nämlich. Faulig, verdorben und verkommen!'" (S. 21)

Ganz ähnliche Reden, nun aber auf die politische Entwicklung gerichtet, führt Trsnjek:

> „Von der Politik werde alles und jedes verhunzt, verpatzt, versaut und überhaupt irgendwie zugrunde gerichtet. Zum Beispiel das Zigarrengeschäft." (S. 27)

Zwar muss man die Dame nicht besonders ernst nehmen, und auch Trsnjeks Klagen erhalten durch den banalen Bezug aufs Zigarrengeschäft einen komischen Beigeschmack. Aber auch Freud macht gegenüber Franz düstere Andeutungen, und dies mit dem Gewicht einer grundsätzlichen Prophezeiung:

> „‚Erstens: Setz dich wieder', sagte er ruhig. ‚Zweitens: Ja, die Welt ist verrückt geworden. Und drittens: Gib dich keinen Illusionen hin – sie wird noch viel verrückter!'" (S. 75)

Später zeigt sich Freud sogar überzeugt, dass „die Welt untergeht, was, wie wir wissen, demnächst geschehen kann!" (S. 133).

Ironische Distanz

Neben diesen dunklen Vorausdeutungen ist die Sprache des Romans auch grundiert durch manchmal deutliche, oft aber auch ganz unauffällige Signale der ironischen Distanz. So vermischen etwa Preiningers Stammtischparolen von „einigen wenigen widrigen Ereignissen, wie dem ersten Weltkrieg oder dem Großbrand im Sägewerk" (S. 12) die Dimensionen ähnlich unangemessen, wie das Trsnjeks Verweis auf das Zigarrengeschäft tut. Wenn Franzens Zug „mit nur zweistündiger Verspätung" (S. 19) in Wien ankommt, erklärt sich das beschönigende „nur" (bei 242 Bahnkilometern Entfernung!) aus der Einschätzung des reiseunerfahrenen Franz – ein so unauffälliges Signal, dass man es leicht überlesen kann.

Noch öfters ironisieren die sprachlichen Wendungen des Texts die naiven Einschätzungen des Jungen (Hervorhebungen in Kursivschrift: U. M.): Seine Beschäftigung in der Trafik besteht anfangs vor allem aus Zeitungslektüre; für ihn allerdings „war die *Arbeit* mühselig" (S. 28); vor dem Gang zum Prater wäscht er sich mit „einem extra für diesen Anlass *teuer* erstandenen Stück Kernseife" (S. 47); für das Essen mit Anezka ordert er „eine Flasche vom ausländischen Wein, der so gut war, dass sogar der Kellner seinen Namen nicht aussprechen konnte" (S. 91). Dass Kernseife meist billig und ausländischer Wein nicht notwendig gut ist, kann der naive Franz nicht einschätzen, der heutige Leser schon.

Österreichisches Deutsch

In der Sprache des Romans finden sich vielfältige Klangfarben und Abtönungen. Vorherrschend ist, den Schauplätzen entsprechend, eine österreichische Färbung, die sich in manchen Wortformen, etwa in Diminutiven wie „Maiglöckerl" (S. 162) ausdrückt, vor allem aber im Wortmaterial. Das reicht von der „Fleischhauerei" (S. 22), dem „Fiaker" (S. 45), dem „Einspänner" (S. 48) und der „Fadesse" (S. 80) bis zu den „Grammeln" (S. 228) und zum „Quargel" (S. 240) (vgl. zu den Bedeutungen Lektürehilfe S. 91 f.). Wenn viele dieser Ausdrücke dem kulinarischen Bereich entnommen sind, ist das kein Zufall, sondern entspricht der in der Sprache des Romans durchweg spürbaren Freude an erdhaft-sinnlichen Details und Genüssen.

Stilistische Vielfalt

Daneben gibt es viele Zwischentöne, die dem Roman sprachliche Nuancen verleihen. Anezka spricht mit böhmischem Akzent, erkennbar zum Beispiel an der Einfärbung der Umlaute. Als sie zum Schießstand will, sagt sie nicht „möcht ich bitteschön", sondern „mecht ich, bittascheen" (S. 52). Der Brief dagegen, mit dem der „Inspekteur der Sicherheitspolizei" Franz – inhaltlich selbstverständlich verlogen – den Tod (vgl. S. 191 f.) Trsnjeks mitteilt, ist als Dokument in kalter bürokratischer Amtssprache gehalten: „Zur oben genannten Angelegenheit erlauben wir uns, Sie hiermit vom Ableben des Ihnen bekannten Trafikanten Herrn Otto Trsnjek in Kenntnis zu setzen." (Ebd.) Und die uferlose Redeflut der einkaufenden Frau ergeht sich in wahllosem Mischmasch, der nicht nur aufgeschnappte Gerüchte kolportiert, sondern ständig Kommandos einstreut und das mit allgemeinen Betrachtungen im Ton der witzig-derben, dialektal eingefärbten Umgangssprache garniert, die als Wiener Schmäh bekannt ist:

> „Da lungern überall die Geheimen herum; an jedem Eck, vor jedem Geschäft, im Park, im Wirtshaus und sogar in der Kirch', wo man hinschaut, sitzt oder steht einer herum – aber auf das eigene Hauptquartier vergessen s'! […] So, und jetzt sind S' so lieb und geben S' mir noch ein Taferl Schokolad'. Mit Nüssen." (S. 239 ff.)

Franzens Sprache

Welche Sprache aber spricht die Hauptfigur Franz? Dominant ist bei ihm natürlich der bodenständige Ton eines Jungen, der vom Land kommt. Im Verlauf der Handlung allerdings greift er auch zu anderen Stilebenen – etwa als er Professor Freud Zigarren mitbringt und dabei in die einschlägige Reklamesprache verfällt:

> „‚Eine aromatische Habano, die leicht im Geschmack ist, jedoch durch große Eleganz und Komplexität überzeugt', sagte Franz mit einer Selbstverständlichkeit, die nichts davon erahnen ließ, wie viele mühevolle Nachtstunden es ihn gekostet hatte, die Beschreibungen auf der Zigarrenkiste auswendig zu lernen." (S. 72)

Als Freud später nach der Herkunft seines Mädchens fragt, reproduziert Franz Anezkas Angaben (vgl. S. 90) wörtlich, nur ohne den böhmischen Akzent; sie komme aus „einem an den Hügel Viničný wie an einen dunklen Liebhaber geschmiegten, wunderschönen Dorf namens Dobrovice im Landkreis Mladá Boleslav" (S. 130). Wobei der Verdacht naheliegt, dass schon Anezkas blumige Formulierung aus einem touristischen Reklametext stammt …

Franzens Sprache kennt aber noch andere Töne. Sogar zu kurz und treffend formulierten Pointen ist er an einigen Stellen fähig. So etwa in den Gedanken, die er sich um die Entwicklung der Presse macht: „‚Die Wahrheit der Morgenausgabe ist praktisch die Lüge der Abendausgabe', dachte er […].“ (S. 149) Und später zum selben Thema: „So viel Aufregung, so viel gedrucktes Geschrei.“ (S. 199) In eine wahre Sprachexplosion bricht er aus, als er Anezka ein letztes Mal für sich gewinnen will:

> „Anezka, ich versteh es ja selber nicht, alle sind verrückt geworden, die Leute schmeißen sich von den Dächern, den Otto Trsnjek haben sie umgebracht, und wer weiß, was gerade mit dem Heinzi geschieht, die Juden hocken auf den Gehsteigen und putzen das Pflaster, als nächstes sind die Ungarn dran oder die Burgenländer, oder die Böhmen oder was weiß ich, wer sich das Hakenkreuz nicht ins Hirn brennen lässt, der ist dran, […].“ (S. 206)

Und so atemlos geht das weiter, noch über viele aneinandergereihte Sätze hinweg.

Ist die sprachliche Beweglichkeit, die der Junge vom Attersee da an den Tag legt, glaubhaft? Für jeden wortmächtigen Schriftsteller beinhaltet die sprachliche Darstellung eines einfachen Menschen gewiss ein Problem. Und während der jähe und heftige Appell an Anezka vor dem Hintergrund der verzweifelten Situation durchaus wahrscheinlich wirkt, ist mit den zuvor betrachteten zugespitzten Urteilen über die Presse wohl eine Grenze der Angemessenheit erreicht, wenn nicht überschritten. Auch sonst unterlaufen dem Autor manchmal kleine Schwachstellen wie zum Beispiel Anachronismen: Er lässt etwa Anezka vom „Showgeschäft“ (S. 111) sprechen; dieses Kompositum gibt es aber 1938 noch nicht, es ist – nach Auskunft des IDS Mannheim – erst seit 1964 belegt.

Anachronismen

Der Erzähler wiederum spricht von den „braven Bürgerinnen und Bürgern“ (S. 200), die die arisierten jüdischen Geschäfte übernehmen; daran ist (abgesehen davon, dass Geschäfte damals meist in Männerhand waren) vor allem die heute politisch korrekte Reihenfolge unzeitgemäß. Ein akribischer Rezensent (Andreas Tiefenbacher, vgl. www.literaturhaus.at/index.php?id=9868) merkt schließlich noch an, dass an Franzens Traum von seinem Vater, dem „Waldarbeiter aus Bad Goisern“ (S. 172), das „Bad“ eigentlich wegbleiben müsste, weil der Ort diesen schmückenden Beinamen erst 1955 erhalten hat. – Und ob in den Sprachgebrauch einer so volkstümlich daherredenden Frau wie der anonymen Einkaufenden wirklich dermaßen anspruchsvoll zugespitzte Formulierungen wie „Die Ahnungslosigkeit ist ja praktisch das Gebot der Stunde, das Nichtwissen das Leitmotiv der Zeit“ (S. 238) passen?

Bildhaftigkeit und Lust am Konkreten

Aber das sind Randerscheinungen in einem sprachlich dichten Romantext, der durch seine Bildhaftigkeit und große Lust am Konkreten beeindruckt. Das beginnt schon in der Gewitterszene des Anfangs:

> „An der Wand über der Altkleiderkiste wackelte der eiserne Jesus, als könnte er sich jeden Augenblick von seinen Nägeln losreißen und vom Kreuz springen […].“ (S. 7)

Dieses Bild muss Seethaler nachhaltig beschäftigt haben, denn er verwendet es nochmals in dem späteren Roman *Ein ganzes Leben* (München: Hanser, 2014, S. 82).

Im Übrigen geht die Lust am Text des Romans *Der Trafikant* stark durch den Magen. Deftiges Essen und Trinken spielen eine große Rolle. Da ist etwa Preiningers Verzehr, und da ist Franzens einsamer Weihnachtsschmaus:

> „Rehbraten mit Rotkraut und Serviettenknödel sowie acht Krügel Bier und vier Doppeltgebrannte […].“ (S. 12)

> „Am Heiligen Abend zündete er eine Kerze an und verdrückte den kompletten Inhalt des bis unter den Deckel mit Vanillekipferln, Schmalzkrapfen, Marmeladentascherln und anderen nach Heimat und Kindheit duftenden Mehlspeisen gefüllten Pakets, das ihm die Mutter geschickt hatte.“ (S. 80)

Flankiert wird diese sinnliche Aufladung des Texts noch durch intensive Gerüche – und zwar keineswegs nur *Wohl*gerüche! So beim ersten Eindruck von Wien:

> „Unter dem Straßenpflaster schien es zu gären, und darüber waberten die verschiedensten Ausdünstungen. Es roch nach Abwasser, nach Urin, nach billigem Parfüm, altem Fett,

> verbranntem Gummi, Diesel, Pferdescheiße, Zigarettenqualm, Straßenteer." (S.20

Ganz anders, aber auch höchst ‚gemischt' riecht es im Haus von Professor Freud:

> „Es roch nach Frittatensuppe und Zwiebelrostbraten mit Petersilienkartoffeln sowie nach Vanillepudding, übergossen mit heißer Zartbitterschokolade und bestreut mit frisch gerösteten Mandelsplittern." (S.69)

Und Franzens Kindheitserinnerungen sind immer wieder von Gerüchen begleitet:

> „Er faltete den Brief zusammen und steckte seine Nase hinein. Er roch nach modrigen Stegplanken und trockenem Sommerschilf, nach verkohlten Rindenstückchen, zerlassenem Butterschmalz und der mehlbestäubten Küchenschürze seiner Mutter." (S.172)

Gewagte Kombinationen

Der Autor zeigt auch eine Vorliebe für gewagte Kombinationen, die das Körperlich-Sinnliche mit anderen Bereichen kontrastieren. So bei Preiningers Begräbnis. Kaum hat da der Wortführer sein feierliches „Amen" gesprochen, folgt unmittelbar darauf:

> „‚Amen!' antworteten die anderen. ‚Dabei hat er doch noch so einen Appetit gehabt!' flüsterte jemand, und die Umstehenden nickten betroffen." (S.14)

An der Schießbude im Prater bewundert Franz das Mädchen Anezka, das er soeben kennengelernt hat – und gerät darüber unversehens in eine drastische Kindheitserinnerung:

> „Ihr Blick war ruhig auf die schwarze Mitte der Zielscheibe gerichtet. Er wäre gerne in diesen Blick, in diese Augen eingetaucht, ein Kopfsprung mitten hinein in die Glückseligkeit. Er musste an das hölzerne Regenfass, zuhause, gleich neben dem Hütteneingang, denken. Das Wasser darin war anders als das Wasser im See. Es war bräunlich und trüb, außerdem roch es ein bisschen komisch. Einmal hatte der kleine Franz es nicht mehr ausgehalten, [...] dreimal tief Luft geholt und schließlich seinen Kopf mitsamt dem halben Oberkörper tief in die Tonne getaucht. [...] Ein kleiner Schauder durchlief ihn, als er mit den Fingerspitzen auf etwas Weiches, Pralles, Haariges stieß. Hinter dem dichten Schleier der Schwebeteilchen tauchte der Körper einer toten Ratte auf.

> […] Sie lag auf der Seite, ihr Körper war fast vollständig erhalten, nur an der Stelle des linken Auges klaffte ein tiefes, schwarzes Loch." (S. 53 f.)

Soll das möglicherweise als Vorklang auf die sich bald herausstellenden fragwürdigen Seiten Anezkas gemeint sein? Wie dem auch sei: Pralle positive Sinnesreize werden an solchen Stellen lustvoll-unpassend mit einmal sakralen, ein andermal ekligen Gegenpolen konfrontiert. Das ist aber keine effekthascherische Masche und kein Wühlen im Geschmacklosen, sondern es wird vom Autor in sparsamer Dosierung eingesetzt, erscheint daher als wirkungsvolle Pointierung und trägt so zu der von allen Rezensenten hervorgehobenen Farbigkeit und Originalität der Erzählsprache im Roman bei.

Worterklärungen

Die folgenden Worterklärungen erläutern nicht nur im österreichischen Deutsch verwendete, sondern auch sonst schwer verständliche Wörter des Romans. Sie sind alphabetisch angeordnet. Die Seite des (ggf. ersten) Vorkommens im Text ist angegeben.

Corpus delicti (241): lat. Beweisstück; Tatwaffe
Doppeltgebrannte (12): zweimal destillierte, daher besonders alkoholreiche Schnäpse
Dulcinea (222): Bauerntochter, in der der versponnene Don Quijote aus dem berühmten gleichnamigen Roman (1605–15) von Miguel de Cervantes seine ideale Geliebte sieht; oft ironisch für weibliche Personen gebraucht
Eierschwammerln (197): Pfifferlinge
Einspänner (48): Wiener Kaffeespezialität; Mokka mit Schlagsahne, im Glas serviert
Fadesse (80): Langeweile
Faschiermaschine (194): Fleischwolf
Fiaker (45): Pferdedroschke
Frittatensuppe (69): Fleischbrühe mit Pfannkuchenstreifen als Einlage
Fleischhauerei (22): Metzgerei
Gelsen(schwärme) (187): Stechmücken(schwärme)
Grammeln (228): knusprig gebratene Speckwürfel; oft als Füllung von Klößen
Haferlschuhe (80): Trachtenschuhe, üblich in der Alpenregion
Journaille (147): verantwortungslose, verleumderische Tagespresse
Karfiolköpfe (186): Blumenkohlköpfe
Kernseife (47): einfache unparfümierte Seife
Krautfleckerln (231): quadratisch geschnittene Stücke aus dünnem Nudelteig mit Weißkohl und Speck
Lacke aus Pferdeseiche (22): Pfütze mit dem Urin von Pferden
Libido (136): lat. geschlechtliche Lust
Luster (182): Lüster, Kronleuchter
Merci Mon Ami (58): frz. Danke, mein Freund; Lied, gesungen von der schwedischen Schauspielerin und Sängerin Zarah Leander (1907–1981)

Mezzanin (88): niedriges Zwischengeschoss
Milchhaflinger (186): kleine Pferderasse, viel zum Melken genutzt
Ordination (38): (Arzt-)Praxis; Sprechstunde
Palatschinken (91): Eierpfannkuchen mit Marmelade oder Quarkfüllung
patschert (69): unbeholfen, ungeschickt
Pinzgauer (21): Kaltblutpferderasse, nach dem Pinzgau im Land Salzburg benannt
Quargel (240): gelblicher Sauermilchkäse, in gereiftem Zustand stark riechend, ähnlich dem Harzer Käse
Raunzerei (164): (dauerndes) unzufriedenes Nörgeln, Klagen, Jammern
Remise (186): Schuppen (zum Abstellen von Kutschen)
Rondeau (64): Rondell; runder Platz oder kreisförmig angelegter Gartenweg
Reichsfluchtsteuer (230): vom Naziregime erhobene Abgabe, die Juden vor ihrer Ausreise bezahlen mussten
Schlagobers (48): Schlagsahne
Selchfleisch (231): Rauchfleisch
Stampiglien (192): Geräte zum Stempeln; Stempel; Abdrucke von Stempeln
Standler (186): Händler mit eigenem Stand
Stiegenhaus (130): Treppenhaus
Trafik (15): Laden für Zeitungen, Rauchwaren usw. (näher erklärt im Text S. 24 ff.)
Trafikant (Titel): Inhaber einer Trafik
ungustiös (171): unappetitlich (von ital. gusto ‚Geschmack')
Ut desint vires, tamen est laudanda voluntas (73): lat. Wenn auch die Kräfte fehlen, so ist doch der [gute] Wille zu loben (Ovid, *Briefe aus der Verbannung* III,4,79)
Virginias (36): dünne Zigarren mit Mundstück
Zeitungstandler (156): Kleinhändler, Hausierer

Autor und Werk

Robert Seethaler wurde am 7. August 1966 in Wien als Sohn einer Arbeiterfamilie geboren. Er verließ mit 15 Jahren die Schule, besuchte später die Wiener Schauspielschule, holte das Abitur nach, studierte Psychologie und lebt heute in Wien und Berlin. Seine Arbeit als Schauspieler führte Seethaler an Bühnen in Österreich und Deutschland, ferner zur Mitwirkung an Kino- und Fernsehfilmen. Überregional bekannt wurde er durch die Rolle des Pathologen Dr. Kneissler in der ZDF-Krimiserie „Ein starkes Team". Seethaler verfasste auch eine Reihe von Drehbüchern und mehrere Romane.

Hervortreten als Schauspieler

Die Biene und der Kurt (2006) schlägt bereits das Thema des Außenseiters in der Gesellschaft an. Die „Biene" ist ein unansehnliches sechzehnjähriges Mädchen, das aus einem Heim ausbricht und mit dem heruntergekommenen Schlagersänger Kurt durch die Provinz tingelt. Beiden bizarren Figuren gehört die Sympathie des Autors wie des Lesers.

Die Biene und der Kurt

Die weiteren Aussichten (2008) greifen eine vergleichbare Thematik auf. In der Beziehung der Hauptfigur Herbert zu seiner Mutter, mit der er in einem trostlosen Dorf ein Geschäft betreibt, klingt schon die Mutterbindung des Trafikantenlehrlings Franz an. Herbert ist groß und dürr und ist Epileptiker – das genügt, um ihn in seiner ländlich trostlosen Umgebung zu isolieren. Zwei Außenseiter treffen aufeinander, wenn er sich in die korpulente Putzkraft Hilde verliebt. Das führt zu großen Verwicklungen.

Die weiteren Aussichten

Jetzt wirds ernst (2010) hat wie später *Der Trafikant* als Hauptfigur einen siebzehnjährigen Jungen, der seinen Weg finden muss. Er wächst in provinzieller Enge auf und kommt über allerlei Umwege zu dem, was ihn dann erfüllt, der Arbeit als Schauspieler am Theater. Die Erzählweise, oft eine Jagd von Pointe zu Pointe, ist in diesem Roman über weite Strecken noch mehr kraftmeierisch als kraftvoll.

Jetzt wirds ernst

Der Trafikant

Der Trafikant erschien 2012 und wurde zu Seethalers erstem wirklichen Erfolgsbuch. Der Autor hat selbst eine Bühnenfassung erstellt, die nach der Uraufführung im Oktober 2016 an der Württembergischen Landesbühne Esslingen an verschiedenen Theatern im südwestdeutschen Raum gezeigt wurde. Eine weitere Inszenierung hatte im Dezember 2016 am Volkstheater Wien Premiere. Diese Fassung zeigt gegenüber dem Roman erhebliche Veränderungen: Auf einer Simultanbühne werden die verschiedenen Schauplätze eng miteinander verknüpft. Eingebettet in eine wirkungsvolle musikalische Begleitung werden die Stationen des Geschehens in rascher Folge, oft ineinander übergehend, blitzlichtartig beleuchtet. Einige Romanfiguren fehlen, eine verwirrte Frau tritt neu auf. Freud ist fast ständig auf der Bühne. Neu ist der Schluss, bei dem der Bericht über Franzens Aktion mit der Hose einem gespenstischen Chor der Toten (Trsnjek, die verwirrte Frau, der Rote Egon) überlassen wird. Das opfert die hintergründige Beiläufigkeit des im Roman gewählten Geredes der einkaufenden Frau einem grellen Schlussakzent.

Ein ganzes Leben

Ein ganzes Leben (2014) fand noch mehr Beachtung, wurde von der Kritik mit einhelliger Zustimmung aufgenommen und für den Man Booker International Prize 2016 nominiert. Seethaler greift hier erneut das Thema des einfachen Menschen auf, nun aber nicht mehr in der Schelmenperspektive, wie sie in *Der Trafikant* anfänglich im Vordergrund steht. Das entbehrungsreiche Leben, das Andreas Egger in den Bergen führt, als Seilbahnarbeiter, später als Touristenführer, ist von Bedrängnissen, aber auch von Liebessehnsucht erfüllt. In seiner scheu angefangenen, jedoch glücklichen Verbindung mit der Wirtshausmagd Marie scheint bescheidene Erfüllung erreicht. Aber eine Lawine zerstört Eggers karge Bleibe und tötet auch Marie. Anders als in *Der Trafikant* treten die politischen und kriegerischen Wirren der Zeit hier nur als Episode auf, während Franz davon verschlungen wird. Egger dagegen lebt sein Dasein in Erinnerung an das kurze Glück zu Ende. Ein Roman von reduzierter Weltfülle und archaischer Einfachheit, durch die Konzentration auf eine Hauptfigur vergleichbar mit Hemingways *Der alte Mann und das Meer* (1952).

Zum Erfolg wurde auch der Roman *Das Feld* (2018), der auf dem Friedhof eines fiktiven Dorfs spielt und eindringlich erzählte Rückblicke vieler Toter auf ihr Leben bietet. Seethaler variiert hier erneut seine zentralen Themen, diesmal in obsessiver Konzentration.

Gemeinsamkeiten der Romane

Gemeinsam ist den Romanen Robert Seethalers, dass sie Außenseiterfiguren vor den Hintergrund einer teils verständnislosen, hoffnungslos provinziellen Umwelt stellen und ihren Weg mit Empathie begleiten. Dabei sorgt die Vorliebe des Autors für turbulente und vielfach geradezu bizarre Szenen für erheblichen Unterhaltungswert, der sich der existenziellen Tiefgründigkeit überlagert.

Ende 2018 kam die lange angekündigte Verfilmung von *Der Trafikant* in die Kinos. Unter der Regie von Nikolaus Leytner und in österreichisch gefärbtem Sprachton spielen Simon Morzé (Franz), Johannes Krisch (Trsnjek), Emma Drogunova (Anezka), ferner Bruno Ganz als Freud die Hauptrollen. Der von der Kritik zurückhaltend aufgenommene Film hält sich sehr eng – bis hin zu meist wörtlicher Übernahme der Dialoge – an die Romanvorlage. Eigenständige filmische Gestaltung strebt er vor allem in den immer wieder eingestreuten Traumvisionen Franz Huchels an, die meist unter Wasser oder auf dem See spielen. Gegenüber den entsprechenden Träumen im Roman, die dort sparsam und in sorgfältig aufgebauter Steigerung bis hin zur apokalyptischen Untergangsvision gesetzt sind, wirken diese Passagen im Film eher aufdringlich. Auch der Schluss entfernt sich von dem eindrucksvoll unsentimentalen Romanende: Anezka kommt hier ganz elegant und nicht wie im Roman in einer „viel zu großen Männerjacke" (S. 248) des Wegs. Und vom „rasch anschwellenden Motorengeräusch der alliierten Bomberverbände" (S. 250), das im Roman die verheerende Zerstörung Wiens ankündigt, ist im Film nichts zu hören.

Robert Seethaler erhielt für seine Drehbücher, Filme und Romane seit 2005 zahlreiche Literaturpreise und Stipendien.

Rezeption

Zustimmende Reaktionen

Der Trafikant hebt sich schon durch sein zeitgeschichtlich-politisches Engagement heraus aus der Flut der Bücher von Schauspielerinnen und Schauspielern. Zahlreiche relativ punktuelle Reaktionen sind erschienen; viele davon erzählen über weite Passagen die Geschehnisse des Romans nach, durchsetzt mit bezeichnenden längeren Zitaten. Fast alle warten mit pauschalem Lob auf; nur in Einzelfällen äußern sie sich kritisch zu gewissen Aspekten. Durchweg werden vor allem die erzählerischen Qualitäten und der sinnlich-saftige Darstellungsstil gelobt.

Franz als „reiner Tor"

In einer der ersten Rezensionen wird der Protagonist Franz Huchel im Anschluss an die mittelalterliche Gestalt des Parzival als „reiner Tor" charakterisiert:

> „Seethalers Protagonist ist ein reiner Tor und möchte es bleiben: ‚Wer nichts weiß, hat keine Sorgen, dachte Franz, aber wenn es schon schwer genug ist, sich das Wissen mühsam anzulernen, so ist es doch noch viel schwerer, wenn nicht sogar praktisch unmöglich, das einmal Gewusste zu vergessen.' An diesem Dilemma des erwachenden Erwachsenen leidet der herzensgute, schlichte Franz, und Seethalers Prosa bildet das mit einer schnörkellosen Sprache ab, obwohl sich der Erzähler in die Köpfe und Augenhöhlen aller seiner Protagonisten hineinbohrt. […] Am Ende wird der Tor wissend geworden sein, und doch versperrt er, als ihn die Schergen abholen, die Tür zur Trafik. ‚Weil wer weiß schon, was sein wird?' Wir wissen es, und Seethaler weiß das. Aus diesem Wissen entsteht der böse Zauber dieses Romans." (Andreas Platthaus, „Freuds Freund", in: *Frankfurter Allgemeine Zeitung*, 2. November 2012; http://www.faz.net/aktuell/feuilleton/buecher/rezensionen/belletristik/robert-seethaler-der-trafikant-freuds-freund-11947460.html)

Kritik an der Figur Freud

Andere Rezensenten setzen sich kritisch mit Seethalers Entscheidung auseinander, bei der historisch-fiktiven Figur Freud dessen wissenschaftliche Autorität weitgehend auszusparen. So Manfred Papst („Sigmund Freud im Tabakladen", in: *Neue Zürcher Zeitung*, 27. Januar 2013, S. 4 f.):

> „Natürlich ist es immer gefährlich, historische Personen in einem fiktionalen Kontext vorzuführen, und in der Tat

> gehören die Gespräche zwischen Franz Huchel und Sigmund Freud nicht zu den stärksten Passagen in Seethalers sonst bemerkenswert kohärentem Roman. Dass Freud in amourösen Dingen so hilflos ist wie der Bursche Franz, ist zwar lustig. In ihrer Saloppheit wirken die Dialoge indes ein wenig aufgesetzt. Dass Freud ausgerechnet gegenüber einem Kioskgehilfen eine launige, selbstironische Summe seiner Lehre ziehen soll, erscheint kaum glaubhaft – zumal Lockerheit in eigener Sache gerade nicht zu den verlässlich überlieferten Zügen seines Charakters zählt."

Dem könnte man wohl entgegenhalten, dass Freuds aktuelle Lebenssituation zur Zeit der Romanhandlung einen Rückblick auf sein Lebenswerk kaum plausibel macht. Er ist alt, hinfällig, schwer krank, umstritten, isoliert und bedroht. Und seine im Roman betonte Faszination durch den frischen Jungen (siehe Lektürehilfe S. 54) könnte auch die Wahl gerade dieses Gesprächspartners erklären. Immerhin bleibt hier ein problematischer Aspekt des Romans und bleibt vor allem die Freiheit des Lesers, darauf zustimmend oder skeptisch zu reagieren. Der Rezensent hält jedenfalls – im Einklang mit anderen – fest an seiner Bewunderung für das Werk insgesamt:

> „Seethaler ist mit dem Roman ‚Der Trafikant', seinem vierten, etwas Unheimliches gelungen. Er erzählt ungeschminkt und schnörkellos aus der Mitte eines gewaltigen Verhängnisses – aber er tut das mit einer Leichtigkeit, die uns seit Jurek Beckers fulminantem Romanerstling ‚Jakob der Lügner' nicht mehr begegnet ist. [...] betroffen und bewegt lassen wir das Buch sinken." (Ebd.)

Eine weitere Rezension hat Andreas Tiefenbacher am 22. April 2013 für das Literaturhaus Wien verfasst:

> „Ein wenig zu leichtfertig wird auch mit der historischen Figur Sigmund Freuds umgegangen, der als kleiner, alter, gebrechlicher Herr richtiggehend harmlos erscheint. Es gibt eine Reihe von ihm in den Mund gelegten, pauschalierend daherkommenden Äußerungen [...], von denen mehr Wahrsagermentalität auszugehen scheint, als dass man sie mit einer intellektuellen Persönlichkeit von Weltruf in Verbindung bringen würde. [...]
> Über individuelle Katastrophen in einer politisch repressiven Zeit berichtet dieser Roman einiges. Und er tut es auf recht spannende Weise, weil Seethaler weiß, wie man schreiben

> muss, um politische Bedrohung und die Bosheit der Menschen spürbar zu machen. […] Weder wechselt die Perspektive, noch wird in Kapitel unterteilt. Der Ton ist ruhig, sanft und mitunter humorvoll. Und es schwingt die Dramatik des sich ausbreitenden Schreckens immer mit." (A. Tiefenbacher, „Robert Seethaler: Der Trafikant." Literaturhaus Wien, 22. April 2013; www.literaturhaus.at/index.php?id=9868www.literaturhaus.at/index.php?id=9868)

Lob des Erzählstils

Der Doppelaspekt von kritischem Hinterfragen der Figur Freud auf der einen, Anerkennung für die Erzählweise auf der anderen Seite prägt hier wie bei Papst die Sicht des Rezensenten. Nur bleiben letztere Ausführungen wesentlich undifferenzierter – und die Behauptung, die Perspektive wechsle nicht, lässt sich auf dem Hintergrund des Romans kaum aufrechterhalten.

Zu dem von mehreren Seiten vorgebrachten Einwand, dass der Wissenschaftler Freud zu kurz komme, bleibt am Ende festzuhalten: Keiner der genannten Rezensenten hat durchgespielt, was ein wirkliches Ernstnehmen, also das *Darstellen* des Wissenschaftlers Freud für den Roman nach Maßgabe historischer Fakten bedeuten würde. Müsste dann Freud nicht seine Theorien dem zutraulichen Franz ein Stück weit erklären? Müsste er nicht beispielsweise dessen Träume mit ihm auswerten, zumal er deren Niederschrift selbst angeregt hat? Dadurch würde der Roman zwangsläufig mit fachlichen Details belastet und verlöre an erzählerischer Lockerheit – also an eben der Qualität, die alle Würdigungen hervorheben.

Bühnenfassung

Die Bühnenfassung (vgl. Lektürehilfe S. 94), die von Seethaler selbst stammt, ist in Besprechungen äußerst zustimmend gewürdigt worden. Eine Rezensentin vermerkt nach der Esslinger Uraufführung beeindruckt:

> „Die Transkription ist ihm voll und ganz geglückt. Wer das Buch mag, der sollte sich unbedingt auch dieses Stück ansehen. Die Balance zwischen Leichtigkeit und Schwere, die Kunst, eine Biografie in Zeitgeschichte einzubetten und dabei sowohl dem Einzelnen als auch dem großen Ganzen gerecht zu werden, das ist Seethaler auch in der dramatisierten Version gelungen. […]

Neben dem achtköpfigen Ensemble, das souverän über zwanzig Rollen ausfüllt, gibt es noch einen weiteren Mitspieler: die Musik. Steffen Moddrow und Andrew Zbik setzen am Schlagzeug und anderen Instrumenten Akzente und Stimmungen – vom schmalzigen Liebeslied bis zum dramatischen Trommelwirbel. Da braucht es keinen Bühnenumbau, da genügt ein musikalischer Impuls und das Anschalten der Neonröhren, um aus der gemütlichen Trafik das Hotel Metropol, den Sitz der Gestapo, zu machen […]. Am Schluss gibt der Chor die einzige und gleichzeitig letzte Heldentat von Franz als mehrstimmiges Stakkato wieder: Wie der junge Trafikant die Hose des zu Tode gequälten einbeinigen Otto am Fahnenmast der Gestapo-Zentrale hisst und sie wie ein anklagender Zeigefinger in den Himmel ragt. Das müssen wir nicht sehen und haben es dennoch vor Augen." (Dorothee Schöpfer, „Doppelter Glücksfall", in: *Stuttgarter Zeitung*, 21. Oktober 2016; http://www.stuttgarter-zeitung.de/inhalt.wlb-esslingen-doppelter-gluecksfall.9b434ca2-c6d1-41fa-b30a-2816d17cb1a8.html).

3 Schnellcheck

Überblick 1: Was geschieht im Roman?

Überblick 2: Wer tritt im Roman auf?

Überblick 3: Wer spricht wie?

Überblick 4: Wie wird erzählt?

Überblick 5: Welche Symbole kehren immer wieder?

Überblick 6: Was für eine Art von Roman?

Übersicht 1: Was geschieht im Roman?

Die Ziffern bezeichnen die Abschnitte im Roman.

Spätsommer 1937	
1	Franz erfährt von seiner Mutter, dass ihr Gönner Preininger tot ist.
2	Er fand durch Blitzschlag im Gewitter den Tod im See.
3	Bei Preiningers Begräbnis gibt es Reden; es trauern viele verschleierte Frauen.
4	Die Mutter entscheidet, dass Franz in Trsnjeks Wiener Trafik arbeiten soll.
5	Franz fährt nach Wien und sucht sich in der Großstadt zu orientieren.
6	Franz findet die Trafik und erhält von Trsnjek erste Einweisungen.
7	Er beschäftigt sich mit der Vielfalt der Zeitungen und Zigarren.
8	Er lernt eine Reihe von Stammkunden (auch für pornografische Magazine) kennen.
9	Franz und seine Mutter schreiben sich wie vereinbart Ansichtskarten.

Oktober 1937	
10	Franz lernt den berühmten Professor Freud kennen und sucht das Gespräch mit ihm.
11	Auf Freuds Rat schaut er sich nach einem Mädchen um und spricht im Prater Anezka an.
12	Anezka vergnügt sich mit ihm und verschwindet, als er ihre Angebote nicht versteht.
13	Franz fährt mit dem letzten Geld Riesenrad und geht enttäuscht zur Trafik zurück.
14	Am nächsten Morgen wird die Trafik mit Beschimpfungen von Roßhuber verschmiert.
15	Franz sehnt sich nach Anezka; die Mutter schließt von seinen Karten auf sein Verliebtsein.

Winter 1937	
16	Franz versucht von Trsnjek Rat zu erhalten, der sich aber mit der Liebe nicht auskennt.
17	Er taucht ratsuchend vor Freuds Wohnhaus auf; der Professor geht zu ihm ins Freie.
18	Freud rät ihm, das Mädchen zu vergessen oder zurückzuholen; seine Träume soll er notieren.
19	Über Weihnachten tröstet sich Franz mit einem nahrhaften Paket der Mutter.

1. Januar 1938	
20	Franz geht an Silvester wieder zum Prater; ein Kellner verrät ihm, wo Anezka wohnt.
21	In einem schäbigen Haus findet er Anezka und geht mit ihr aus.
22	In der Nacht lieben sich Franz und Anezka in (und auch übermütig vor) der Trafik.
23	An den nächsten Tagen sucht Franz Anezka vergeblich in dem Haus.

Wochen danach	
24	Eines Nachts taucht sie plötzlich in der Trafik auf, ist aber am Morgen wieder fort.
25	Franz versucht sie vergeblich zu vergessen; Trsnjek lässt ihn „zum Arzt" gehen.
26	Er findet Anezka und folgt ihr zu einem Varieté im Prater, wo sie halb nackt auftritt.
27	Er stellt sie erfolglos zur Rede und erwägt, ins Salzkammergut zurückzufahren.

10. März 1938	
28	Freud spricht mit einer Patientin und geht dann zu Franz, der vorm Haus wartet.
29	Freud und Franz gehen in den Volksgarten und reden, vor allem über die Liebe.
30	Franz stärkt sich nach dem Gespräch mit Gulasch und Bier; der Umsturz steht bevor.
11./12. März 1938	
31	Der Rote Egon steigt mit einem kritischen Transparent aufs Dach und springt hinab.
32	Trsnjek kommentiert die Zeitungslügen; Franz träumt; die Trafik wird verwüstet.
13. März	
33	Trsnjek und Franz räumen die Trafik auf und machen dann Pause.
34	Passanten wenden sich ab; drei graue Männer fahren vor und verschleppen Trsnjek.
35	Während Roßhuber zufrieden lächelt, bedient Franz Kunden in der Trafik.
36	Franz bringt die Trafik in Ordnung und schreibt den ersten Brief an die Mutter.
Frühjahr 1938	
37	Wenige Kunden kommen noch; Franz schreibt sich Anezkas Namen auf die Haut.
38	Briefträger Pfründner bringt einen Brief der Mutter über die Entwicklungen am See.
39	Franz träumt von seinem Vater, schreibt das nieder und heftet die Notiz ans Schaufenster.
40	Bei den Passanten erregt die Notiz Aufsehen; einer reagiert sogar aufgebracht.
April 1938	
41	Franz stellt immer neue Notizen aus, die zuletzt zunehmend düstere Träume enthalten.
42	In der Gestapo-Zentrale fragt Franz immer wieder nach Trsnjek und bekommt Prügel.
17. Mai 1938	
43	Franz erhält die amtliche Nachricht von Trsnjeks „Herztod".
44	Franz ohrfeigt Roßhuber und schreibt der Mutter, Trsnjek sei „eingeschlafen".
45	Auf dem Kahlenberg überdenkt er die schlimmen Entwicklungen.
46	Er sucht Anezka im Varieté, die sich aber jetzt einem SS-Mann zugewendet hat.
47	Briefträger Pfründner überdenkt die Lage und erzählt Franz von Freuds Abreise.
3./4. Juni 1938	
48	Franz hat die letzte Begegnung mit dem resignierten Professor Freud.
49	Mit seiner Familie verlässt Freud Wien vom Westbahnhof; das beobachtet Franz.
50	Franz denkt bei der Abfahrt über die letzten Äußerungen Freuds nach.
Tage danach	
51	Eine Frau plaudert beim Einkaufen über das Hissen einer Hose statt der Nazifahne.
52	Die Mutter hat Ärger mit dem Wirt und fragt sich, wie es Franz geht.
53	Die drei Männer verhaften Franz, der noch eine neue Traumnotiz anbringt.
12. März 1945	
54	Vor der Trafik erscheint sieben Jahre später Anezka und steckt die unvollständige letzte Notiz ein.

Übersicht 2: Wer tritt im Roman auf?

Bedrohte	Gleichgültige	Denunzianten
FREUD	Frau Dr. Dr. Heinzl (S. 30 ff.) Juristikar Kollerer (S. 159 f.) Einkaufende Frau (S. 237 ff.) Mrs. Buccleton	Fleischermeister Roßhuber (S. 60 ff.)

Verfolgte	Eingeschüchterte	Handlanger
Jüdische Geschäftsleute (S. 186) Politische Gefangene (S. 186)	Briefträger Pfründner (S. 167 f., 187 ff.) MUTTER	Portier (S. 181 ff.) Graue Männer (S. 154 ff., 245 ff.) Zwei Zivile (S. 213 f.)

Opfer	Angepasste	Vollstrecker
Roter Egon (S. 32, 143 ff.) **FRANZ** TRSNJEK Conférencier Heinzi (S. 204)	ANEZKA Braunhemdenträger (S. 165) Schalterbeamter (S. 181) Neuer Conférencier (S. 203)	Der Verhärmte (S. 154 ff., 245 ff.) Blonder Mann (S. 183 ff.) SS-Mann (S. 203 ff.) Dr. Kernsteiner als Befugter der Sicherheitspolizei (S. 192)

Übersicht 3: Wer spricht wie?

Romanfigur	Sprachform	Beispiele aus dem Roman
Franz Huchel	Unspezifische, ländlich geprägte österreichische Standardsprache (z.B. Diminutive auf -erl) Reklamesprache	*Überall blüht irgendetwas. Die Parks sehen fast schon aus wie auf den Ansichtskarten, und aus jedem liegengebliebenen Pferdeapfel sprießt ein Maiglöckerl. Die Leute sind ganz verrückt, rennen herum wie kopflose Hendln und kennen sich nicht aus. (S. 162)* Der Professor schluckte. „Eine Hoyo de Monterrey", sagte er mit leicht belegter Stimme. Franz nickte: „An den sonnigen, fruchtbaren Ufern des Flusses San Juan y Martínez von tapferen Männern geerntet und von deren schönen Frauen in zarter Handarbeit gerollt." (S. 72)
Professor Freud	Wissenschaftliche Fachsprache, jedoch gemäßigt und nur bei entsprechender Thematik	„Also gut", sagte Freud. „Ich schlage vor, dass wir jetzt erst einmal die Begrifflichkeiten klären. Ich vermute, wenn wir von deiner Liebe sprechen, meinen wir in Wahrheit deine Libido." „Meine was?" „Deine Libido. Das ist die Kraft, die Menschen ab einem gewissen Alter antreibt. [...]." (S. 136)
Anezka	Böhmisch gefärbte österreichische Mundart (vereinfachte Wortformen, Umlaute reduziert, Satzbau unvollständig)	„Riesenrad nicht, aber schießen möcht ich, bitteschön!" Genau genommen sagte sie nicht „möcht ich, bitteschön", sondern „mecht ich, bittascheen". Es war die leicht erkennbare Unfähigkeit der vielen in Wien ansässigen Böhmen, Umlaute auszusprechen. (S. 52)
Inspekteur der Sicherheitspolizei i. V. Dr. Kernsteiner	Bürokratisch unbewegte Amtssprache (Schachtelsätze; Euphemismen wie *Ableben* statt *Tod*)	Zur oben genannten Angelegenheit erlauben wir uns, Sie hiermit vom Ableben des Ihnen bekannten Trafikanten Herrn Otto Trsnjek in Kenntnis zu setzen. Herr T. ist in der Nacht zum 14. Mai in den Räumlichkeiten der Gestapo-Leitzentrale, Wien 1, Morzinplatz 4, seinem nicht näher zu bestimmenden Herzleiden erlegen. (S. 191 f.)
Einkaufende Frau	Derb pointierter Wiener Unterhaltungston („Schmäh": als typisch österreichisch geltende, zwischen Witz und Aggression schwankende Sprache)	„[...] Also, wie gesagt: stockdunkel, keine Sterne, kein Mond, kein Silberstreif über der Wienerstadt. Und deswegen kann schlussendlich auch keiner von den ganzen Fensterhockern wissen, wie sich die Angelegenheit genau abgespielt hat. Schauen tun die Leut´ ja nur aus reiner Boshaftigkeit. Weil aber die Boshaftigkeit einerseits neugierig, andererseits aber auch blind macht, sieht man eben nur das, was man sehen will! [...]" (S. 240)

Übersicht 4: Wie wird erzählt?

Personales Erzählen

- Der Erzähler tritt in den Hintergrund.
- Er berichtet aus dem Blickwinkel einer Romanfigur, geprägt von deren Gefühlen und Überlegungen, jedoch immer in der 3. Person, manchmal in erlebter Rede.
- Im Extremfall erfährt der Leser nichts, was diese Figur nicht wahrnimmt oder was ihr nicht durch den Kopf geht.

▶ In *Der Trafikant* kommt personales Erzählen am häufigsten vor. Es knüpft sich meist an den Blickwinkel von Franz, aber auch an den anderer Figuren.

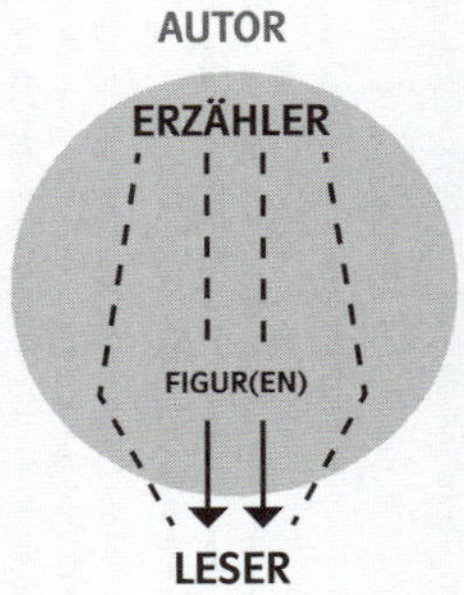

Auktoriales Erzählen

- Ein allwissender und allgegenwärtiger Erzähler spricht.
- Er hat den Figuren des Romans einen souveränen Überblick voraus. Häufig fügt er eigene Kommentare ein und rückt damit in die Nähe des Autors.

▶ Zum auktorialen Erzählen wird in *Der Trafikant* an wenigen Stellen gewechselt, die über Franz Huchels Gesichtskreis hinaus einen erweiterten Überblick herstellen.

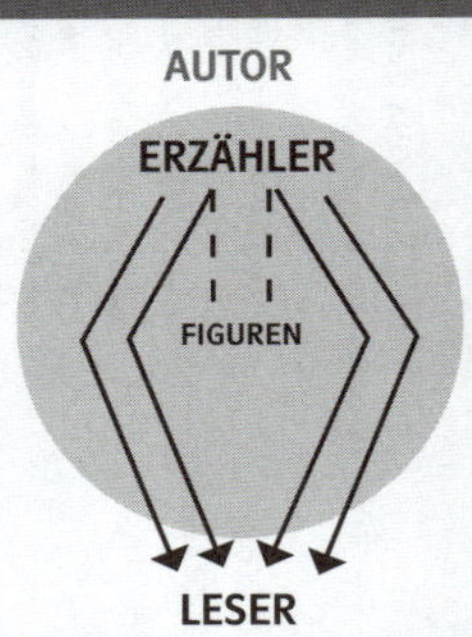

Erzählen in Ich-Form

- Erzähler ist eine der Romanfiguren, oft die Hauptfigur.
- Sie berichtet das Geschehen in der 1. Person.

▶ Erzählen in der Ich-Form kommt in *Der Trafikant* nur in Formen vor, die vom Haupttext klar abgesetzt sind; also in Postkarten, Briefen, Traumnotizen und in dem Bericht der einkaufenden Frau gegen Ende.

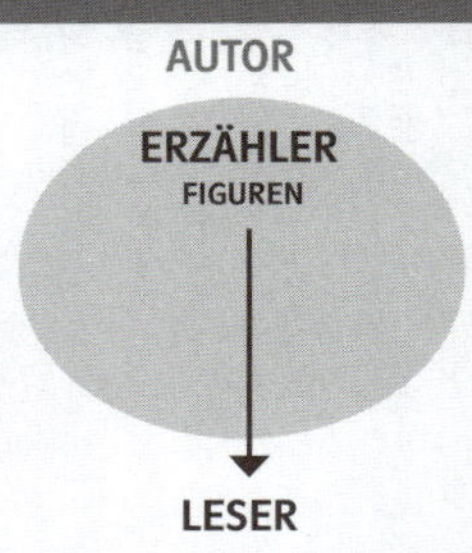

Beispiele aus dem Roman

Schon von Weitem konnte er das Riesenrad sehen, aber erst als er direkt darunter stand, konnte er die wahren Ausmaße dieses wunderlichen, stählernen Ungetüms ermessen. Das Riesenrad war nicht einfach nur groß, es war gigantisch. Die Wolken schienen kaum höher als der höchste Stahlträger zu hängen. Die Fahrgäste in den obersten Gondeln waren klein wie Insekten, und ihre Arme und Schals waren nur noch als winkende oder flatternde Winzigkeiten zu erkennen. (S. 47)
Was für ein Teufel hatte ihn geritten, den Großteil seines Lebens der Krankheit, der Bedrückung und dem Elend zu widmen? Er hätte Physiologe bleiben und mit seinem Skalpell in aller Ruhe Insektenhirne in hauchdünne Scheiben schneiden können. Stattdessen saß er jetzt hier und betrachtete aus dem Schatten seiner Sitzecke heraus Mrs. Buccletons runden Kopf. (S. 117)
Die Mutter hörte ihr Herz pochen. Ein kleiner Schauder lief ihr den Rücken hinunter, und obwohl es warm war, zitterte sie. „Mein Bub", sagte sie und schloss die Augen. „Wo bist du, mein Bub?" (S. 244)

Beispiele aus dem Roman

An einem Sonntag im Spätsommer des Jahres 1937 zog ein ungewöhnlich heftiges Gewitter über das Salzkammergut, das dem bislang eher ereignislos vor sich hintröpfelnden Leben Franz Huchels eine ebenso jähe wie folgenschwere Wendung geben sollte. (S. 7)

Am Naschmarkt hatten die Standler längst schon ihre Waren ausgelegt, und am alten Stand des noch älteren Herrn Podgacék stritten sich die ersten Pensionistinnen um die größten Karfiolköpfe und die mehligsten Erdäpfel. Auf der Praterhauptallee trafen sich die Gewichtheber der Straßenbahner Sportvereinigung zum letzten Frischlufttraining vor dem großen Kampf gegen die Germania. [...] Im Keller der Gestapo-Dienststelle, in der ehemaligen Wäscherei des Hotels Metropol, mussten sich fünfzehn jüdische Geschäftsleute nackt ausziehen und mit den Händen über dem Kopf auf die Abholung zum Einzelverhör warten. (S. 186)

Beispiele aus dem Roman

Liebe Mama,
gestern hab ich es aus bestimmten Gründen nicht mehr ausgehalten und bin zum Westbahnhof wegen einer Karte nach Timelkam – ohne Rückfahrt. Die Frau hinterm Schalter hat nur gesagt zwei Schilling bitte, und sich dabei die Nägel lackiert. (S. 114)
12. April 1938
Ich stehe mit der Mutter am See, ein Dampfer kommt auf uns zu, ich habe Angst, aber die Mutter nimmt mich an der Hand (S. 179).
„Eines ist ja schon irgendwie komisch: Je länger sich die Tage ziehen, desto kürzer kommt einem das Leben vor. Ein Widerspruch, aber so ist es halt. Und jetzt frage ich Sie: was tun die Leut, um sich das Leben zu verlängern und die Tage zu verkürzen? Sie reden." (S. 237)

Übersicht 5: Welche Symbole kehren immer wieder?

Riesenrad

Bedeutung

Das Riesenrad, eine Hauptattraktion des Praters und für Franz ein (zuletzt bedrohliches) Bild der Loslösung von der Realität, kommt immer wieder an entscheidenden Stellen vor, so

- als Franz erstmals in den Prater kommt,
- als er ihn wieder enttäuscht verlässt,
- als er im Traum den Untergang Wiens vorausspürt.

Beispiele aus dem Roman

Das Riesenrad war nicht einfach nur groß, es war gigantisch. Die Wolken schienen kaum höher als der höchste Stahlträger zu hängen. Die Fahrgäste in den obersten Gondeln waren klein wie Insekten, und ihre Arme und Schals waren nur noch als winkende oder flatternde Winzigkeiten zu erkennen. (S. 47)

Mit seinen restlichen Münzen erstand er eine Karte und bestieg als einziger Fahrgast den letzten Wagen der letzten Umdrehung dieses Abends. Als die Gondel sich mit einem dumpfen Rucken hob und langsam höher stieg, breitete sich unter ihr die lichtergesprenkelte Stadt aus. (S. 59)

Im Prater geht ein Mädchen, es steigt ins Riesenrad, überall blitzen Hakenkreuze, das Mädchen steigt immer höher, plötzlich brechen die Wurzeln, und das Riesenrad rollt über die Stadt und walzt alles nieder (S. 180).

Attersee

Bedeutung

Der See ist für Franz im Rückblick so etwas wie ein verlorenes Paradies,

- an das er sich wehmütig erinnert,
- in das er aber nicht zurückkehren kann,
- das von den neuen Machthabern in Besitz genommen wird,
- das Franz sich aber als überdauernd vorstellt.

Beispiele aus dem Roman

Er musste an den See denken. An die Tauchgänge, die er als Bub so oft unternommen hatte. [...] Noch Stunden später, wenn er über den Uferweg nach Hause rannte und ihm die Abendsonne ins Gesicht schien, trug er diese stille, grüne Welt als kleine Sehnsucht in sich. (S. 99 f.)

Manchmal wünsche ich mich selbst an den See zurück. Natürlich weiß ich, dass das nicht mehr so einfach geht. Ich habe schon zu viel gesehen und gerochen und geschmeckt. (S. 164)

Hoffentlich bricht nicht alles auseinander. Was bleibt, ist der See. Die Berge und die Wolken werden sich länger darin spiegeln als die paar dürren Hakenkreuzstangerln, das kannst du mir glauben! (S. 196 f.)

Tiere

Bedeutung

Auffallend häufig kommen Tiere vor, vor allem Vögel und Insekten, die die Handlung begleiten, und zwar

- als Vorzeichen drohenden Unheils,
- als Spiegelung von gerade Erlebtem und Geahntem,
- als rätselhafte, zwischen Analogie und Kontrast wechselnde Begleiter menschlicher Schicksale.

Beispiele aus dem Roman

Eine Weile saß der Vogel reglos da, dann breitete er die Flügel aus, duckte sich und fing an, sich im Kies zu wälzen. [...]
„Jetzt sind schon die Spatzen verrückt geworden“, sagte Franz und wischte mit dem Fuß über den Kies.
„Das war der Pestvogel“, murmelte Freud. „Es heißt, dass er immer nur vor dem Ausbruch von Seuchen, Kriegen und anderen Katastrophen auftaucht.“ (S. 137)
Franz setzte sich auf eine der Mülltonnen und sah zu der schmutzigen Glühbirne hinauf. Ein kleiner Nachfalter flatterte wie verrückt um sie herum. [...] Doch dann berührte er das heiße Glas, und für einen Moment sah es aus, als würden seine Flügel glühen. Er stürzte ab wie ein kleiner Schatten, der vom Himmel fällt. (S. 109 f.)
Dann ging er [der Professor] mit knacksenden Kniegelenken zur Zimmerecke, wo hoch über ihm der Weberknecht hockte.
„Warum um alles in der Welt darf der hierbleiben, während ich, der weltberühmte Begründer der Psychoanalyse, gehen muss!“, stieß er wütend hervor, reckte seinen Arm in die Höhe und schüttelte dem Tier drohend seine Faust entgegen. Der Weberknecht erzitterte kurz, hob ein Bein. Setzte es wieder ab und bewegte sich nicht mehr. (S. 224 f.)

Symbol (von griech. *symballein* ‚zusammenwerfen‘)

Das **Symbol** ist ein eindringliches Mittel dichterischer Bildlichkeit:
Ein Ding verweist auf eine höhere Bedeutung, ohne darüber seine vordergründige Rolle als Ding zu verlieren. Anders als beim **Vergleich** (z. B. "Eine Frau kreischte wie ein Schlachthuhn", S. 20) werden die konkrete und die abstrakte Bedeutung nicht nur nebeneinandergestellt; anders als bei der **Metapher** (z. B. "Gratuliere, die Einsicht ist die Hebamme der Besserung", S. 138) wird der (dort nur punktuelle) Bezug zwischen Anschauung und Bedeutung festgehalten.

Übersicht 6: Was für eine Art von Roman?

Entwicklungsroman

- Individuelle Entwicklung der Hauptfigur je nach ihren Erlebnissen über den ursprünglichen Zustand hinaus
- Fördernde und/oder Widerstand entgegensetzende Erfahrungen

↓

Das trifft auf Franz Huchel weithin zu, der sich zu einem selbstständigen und Verantwortung übernehmenden jungen Mann entwickelt.

Erziehungsroman

- Gezielte Einwirkung von Personen, den „Erziehern", im direkten Umfeld der Hauptfigur
- Bewusste Lenkung von deren Entwicklung

↓

Solche Personen sind im Fall Franz Huchels die Mutter, die ihn in die Selbstständigkeit entlässt; Trsnjek, der ihn den Umgang mit Zeitungen und Kunden lehrt; Freud, von dem Franz den Mut zu einer symbolischen Widerstandsaktion lernt.

Robert Seethaler

Der Trafikant

Roman

Liebesroman

- Entstehung und Entwicklung eines Liebesverhältnisses zweier Menschen, meist über Annäherungen und auch Irritationen hinweg

↓

Von Franz Huchels Seite aus handelt es sich um eine bedingungslose Liebe, die allerdings recht einseitig bleibt, weil Anezka sie nicht in gleicher Weise erwidert.

Zeitroman

- Darstellung der Kräfte einer bestimmten Epoche in ihrem Gepräge, ihren Tendenzen und ihrem Widerstreit

↓

Der Trafikant leistet das in Bezug auf Österreich (vor allem Wien) um 1938 zwar nicht erschöpfend, aber doch in Grundzügen, indem verschiedene Verhaltensweisen zwischen Anpassung und Widerstand geschildert werden.

Bildungsroman

- Auseinandersetzung mit kulturellen Werten und Mächten, an denen intellektuelle und moralische Orientierung zu gewinnen ist

↓

Ansatzweise ist das bei Franz Huchel der Fall, etwa wenn er an der Vielfalt der Pressestimmen einen Eindruck von demokratischem Pluralismus erhält und diesen dann schmerzlich vermisst.

Schelmenroman

- Darstellung des oft mit aller List errungenen Durchkommens eines Einzelnen inmitten einer bedrohlichen oder zumindest hemmenden Umgebung

↓

Franz Huchels gewagte Manöver haben für ihn lange Zeit keine negativen Konsequenzen. Am Ende jedoch ist diese Unschädlichkeit aufgehoben und damit das Kennzeichen des Schelmenromans nicht mehr erfüllt.

4 Prüfungsaufgaben und Lösungen

1. Eine Großstadt wird präsentiert

2. Frau Huchel reagiert auf die neuen Verhältnisse

3. Franz notiert seine Träume

4. Franz schaut auf Wien

5. Ein Entschluss wird gefasst

Allgemeines:

Die Beispiele sind wie folgt aufgebaut:

- Thema und Textstelle(n)
- Aufgabenstellung
- Lösungsvorschlag
- ggf. Integration in ein Gesamtverständnis des Romans

Diesem Aufbau liegen die folgenden Leitgedanken zugrunde:

- Interpretieren bedeutet, Aspekte des Gehalts (Thematik, Konflikte, Motive, Figuren) und der Form (Aufbau, Sprache, gattungsspezifische Gestaltungsweisen des Erzählens wie z. B. Erzählperspektive, Redewiedergabe usw.) funktional miteinander verbunden und nicht nur additiv aneinandergereiht darzustellen, wobei sinnvolle Schwerpunkte zu setzen sind.
- Wo die Darstellung einer Situation oder die Einordnung einer Textstelle verlangt wird, kann die Lösung nicht in einer Inhaltsangabe des Geschehens bis zur betreffenden Passage bestehen, sondern es wird – entsprechend dem Wortlaut der Aufgabenstellung – erwartet, dass die situativen Voraussetzungen (Stand der Handlung, daraus resultierende Absichten, Erfahrungen und Erwartungen der Figuren usw.) aufgezeigt werden, die für das Verständnis der Textstelle wesentlich sind.
- Die erarbeiteten Ergebnisse sollen bei Interpretationsaufgaben in ein Gesamtverständnis des Werks (unter einem in der Textstelle dominanten Aspekt) oder eines übergreifenden Problemkomplexes integriert werden.

Prüfungsaufgaben sollen sich zwar auf zentrale Themen und Gestaltungsformen des Romans beziehen, aber auch Anreize bieten zu einem Transfer erworbener Kenntnisse auf noch nicht genauer untersuchte Textpassagen und Gesichtspunkte und damit zu eigenständigen Leistungen.
Da Seethalers Roman an einigen Stationen der Handlung Leerstellen aufweist, an denen der Erzähler sich auf Andeutungen beschränkt oder selbst diese weglässt, kommen neben analytischen Interpretationsaufgaben auch kreative Gestaltungsaufgaben in Frage, bei denen beispielsweise im Text nicht wiedergegebene Selbstgespräche oder Überlegungen einer Figur zu verfassen sind. Solche Lösungen sollten den Charakterzügen der jeweiligen Figur gerecht werden, den Umständen der jeweils vorliegenden Situation entsprechen und den Sprachduktus der Figur im Wesentlichen treffen. Aufgabe 4 gehört diesem Typus an.

1. Eine Großstadt wird präsentiert

Texte

Robert Seethaler, *Der Trafikant*, S. 19 f. („Als der Zug schließlich […] Zigarettenqualm, Straßenteer") und Alfred Döblin, *Berlin Alexanderplatz*, 42. Aufl. München: Deutscher Taschenbuch Verlag, 2002, S. 165 f.

„Rumm rumm wuchtet vor Aschinger auf dem Alex die Dampframme. Sie ist ein Stock hoch, und die Schienen haut sie wie nichts in den Boden.
Eisige Luft. Februar. Die Menschen gehen in Mänteln. Wer einen Pelz hat, trägt ihn, wer keinen hat, trägt keinen. Die Weiber haben dünne Strümpfe und müssen frieren, aber es sieht hübsch aus. Die Penner haben sich vor der Kälte verkrochen. Wenn es warm ist, stecken sie wieder ihre Nasen raus. Inzwischen süffeln sie doppelte Ration Schnaps, aber was für welchen, man möchte nicht als Leiche drin schwimmen.
Rumm rumm haut die Dampframme auf dem Alexanderplatz.
Viele Menschen haben Zeit und gucken sich an, wie die Ramme haut. Ein Mann oben zieht immer eine Kette, dann pafft es oben, und ratz hat die Stange eins auf den Kopf. Da stehen die Männer und Frauen und besonders die Jungens und freuen sich, wie das geschmiert geht: ratz kriegt die Stange eins auf den Kopf. Nachher ist sie klein wie eine Fingerspitze, dann kriegt sie aber noch immer eins, da kann sie machen, was sie will. Zuletzt ist sie weg, Donnerwetter, die haben sie fein eingepökelt, man zieht befriedigt ab.
Alles ist mit Brettern belegt. Die Berolina stand vor Tietz, eine Hand ausgestreckt, war ein kolossales Weib, die haben sie weggeschleppt. Vielleicht schmelzen sie sie ein und machen Medaillen draus.
Wie die Bienen sind sie über den Boden her. Die basteln und murksen zu Hunderten rum den ganzen Tag und die Nacht.
Ruller ruller fahren die Elektrischen, Gelbe mit Anhängern, über den holzbelegten Alexanderplatz, Abspringen ist gefährlich. Der Bahnhof ist breit freigelegt, Einbahnstraße nach der Königstraße an Wertheim vorbei. Wer nach dem Osten will, muß hinten rum am Präsidium vorbei durch die Klosterstraße. Die Züge rummeln vom Bahnhof nach der Jannowitzbrücke, die Lokomotive bläst oben Dampf ab, grade über dem Prälaten steht sie, Schloßbräu, Eingang eine Ecke weiter.
Über den Damm, sie legen alles hin, die ganzen Häuser an der Stadtbahn legen sie hin, woher sie das Geld haben, die Stadt Berlin ist reich, und wir bezahlen die Steuern.
Loeser und Wolff mit dem Mosaikschild haben sie abgerissen, 20 Meter weiter steht er schon wieder auf, und drüben vor dem Bahnhof steht er nochmal. Loeser und Wolff, Berlin-Elbing, erstklassige Qualitäten in allen Geschmacksrichtungen, Brasil, Havanna, Mexiko, Kleine Trösterin, Liliput, Zigarre Nr. 8, das Stück 25 Pfennig, Winterballade, Packung mit 25 Stück, 20 Pfennig, Zigarillos Nr. 10, unsortiert, Sumatradecke, eine Spezialleistung in dieser Preislage, in Kisten zu hundert Stück, 10 Pfennig. Ich schlage alles, du schlägst

alles, er schlägt alles mit Kisten zu 50 Stück und Kartonverpackung zu 10 Stück, Versand nach allen Ländern der Erde, Boyero 25 Pfennig, diese Neuigkeit brachte uns viele Freunde, ich schlage alles, du schlägst lang hin.

Anmerkung zum Text:
Der Roman erschien zuerst im Jahr 1929. Er gilt als der bedeutendste Großstadtroman der deutschen Literatur.

Worterklärungen:
Aschinger: populäre Berliner Restaurantkette mit Stehbierhalle
Berolina: Standbild; weibliche Personifikation Berlins am Alexanderplatz
Tietz/Wertheim: Warenhäuser in Berlin und anderen Städten
Prälat: Stehbierhalle am Alexanderplatz
Loeser & Wolff: Berliner Tabakwarenfabrik

Aufgabenstellung

Vergleichen Sie, wie in beiden Texten das Bild der jeweiligen Großstadt gestaltet ist:

- Welche inhaltlichen Elemente bestimmen das Bild?
- Welche Erzählperspektive herrscht vor?
- Welche sprachlichen Mittel werden verwendet?

Lösungsvorschlag

Vorbemerkung: Zwischen dem Erscheinen der beiden Romane, denen die Textauszüge entnommen sind, liegen über 80 Jahre. Bei der Würdigung der jeweiligen künstlerischen Gestaltungsweise ist zu bedenken, dass die Romanhandlungen die Städte Berlin und Wien zwar in einem relativ nahen historischen Zeitraum (1920er-Jahre bzw. Ende der 30er-Jahre) zeigen, dass aber Größe und Atmosphäre der beiden Städte damals sehr unterschiedlich waren (Berlin: über 4 Millionen, Wien: unter 2 Millionen Einwohner).

Zu den inhaltlichen Elementen:
Schauplatz der Textpassage aus *Der Trafikant* ist ein betriebsames Verkehrszentrum, nämlich der Westbahnhof, von dem die Fernzüge abgehen. Das Durcheinander der kontrastierenden Reize dieses Schauplatzes wirkt so grell und chaotisch bewegt, dass selbst Mauern und Straßen ihre Kompaktheit zu verlieren drohen. Der Ort scheint sich in eine Vielfalt optischer und akustischer Eindrücke aufzulösen. Eine gewisse Ordnung bleibt aber erhalten: Nach dem ersten Schock drängen sich besonders die gleichfalls völlig gegensätzlichen Gerüche auf, wobei die Variationsbreite bis hin zu den verschiedenen Formen des widerlichen Gestanks überwältigend ist. Ein Nacheinander der

Eindrücke (von Bewegung zu Lärm, Flimmern und Gerüchen) strukturiert zumindest andeutungsweise den Text.

In Döblins Text ist mit dem Alexanderplatz eines der belebtesten Verkehrszentren Berlins als Schauplatz gewählt. Auch hier kommt es zu einer förmlichen Überschwemmung durch chaotische Reize. Massiver Lärm, punktuell aufblitzende optische Eindrücke, Realitätssplitter unterschiedlichster Herkunft jagen einander: Reklameslogans, Dampfausbrüche von Lokomotiven, Kreischen von Straßenbahnrädern, Flüche, Reaktionen von ungenannten Beobachtern („die Stadt Berlin ist reich, und wir bezahlen die Steuern") flirren wild durcheinander. Das alles – und hier liegt ein deutlicher Unterschied zum Vergleichstext – folgt so atemlos aufeinander und ist so dicht gefügt, dass sich das Nacheinander der sprachlichen Wiedergabe in eine Art Simultaneität aufzulösen scheint.

Zur Erzählperspektive:
Das Bild der Stadt Wien ist von Anfang an gesehen mit den Augen und geprägt durch das Erleben des unerfahrenen Franz Huchel, der in ländlicher Enge aufgewachsen ist und erstmals in eine Großstadt kommt. Von den auf ihn einstürzenden neuen Eindrücken wird er zunächst so überwältigt, dass ihm „ein bisschen schlecht" wird und die Körperbeherrschung zu versagen droht. Aber er öffnet die Augen wieder, die er vor der bedrängenden Flut der Reize geschlossen hat, und behält bei aller Überwältigung eine gewisse Orientierung. Das wird im Nacheinander der Eindrücke sichtbar, etwa im Festhalten der zeitlichen Abfolge: „Ein Lastwagen. […] Noch ein Lastwagen." Der Text ist auch durchsetzt mit Franzens Reaktionen: „Ja, dachte Franz benommen, das hier ist etwas anderes."

In Döblins Text ist dagegen kein erlebendes oder auch nur registrierendes Ich greifbar, das eine gewisse Ordnung in die überwältigenden Reize bringen könnte. Das gelegentliche „man" (z.B. „man möchte nicht als Leiche drin schwimmen") bleibt ohne Zuordnung. Auch der Erzähler hat sich völlig zurückgezogen. So stürzt das Trommelfeuer der massiven Reize gleichsam ungefiltert auf den Leser ein. Allenfalls eine Art Blick von oben deutet sich stellenweise an („Ruller ruller fahren die Elektrischen, Gelbe mit Anhängern, über den holzbelegten Alexanderplatz"). Das gibt dem Text etwas von der Weiträumigkeit eines Panoramas im Gegensatz zur Fixierung auf einen (nämlich Franzens) Standpunkt mitten im Getöse bei Seethalers Text.

Zu den sprachlichen Mitteln:
Erzählt wird bei Seethaler im Präteritum (z. B. „Die Stadt brodelte"), der traditionellen Vergangenheitsform des Romans. Das schafft eine gewisse Distanz. Die Sätze sind vorwiegend parataktisch reihend, teils aber auch hypotaktisch aufgebaut. In der Phase, in der sich der Text nicht mehr Franzens Reaktionen, sondern dem von ihm Wahrgenommenen widmet, reihen sich Steigerungen aneinander („übertönten, überschrien, überbrüllten"). Dann werden einzelne Eindrücke statt in kompletten Sätzen nur noch im Telegrammstil benannt (z. B. „Fenster, Spiegel, Reklameschilder, Fahnenstangen"). Doch nur vorübergehend haben sich die auf Franz einstürmenden Reize aus der syntaktischen Ordnung gelöst: Die Geruchseindrücke sind wieder in ganzen Sätzen formuliert. Das Wortmaterial ist, wie es der Vielfalt des Wahrgenommenen entspricht, sehr heterogen und umfasst besonders bei den Gerüchen auch Ekelhaftes (etwa „Urin", „Pferdescheiße").

Döblins Text ist ganz im Präsens, also in der Erzählgegenwart verhaftet. Schon dadurch werden die Inhalte dem Leser viel näher gerückt, prasseln sozusagen ungebremst auf ihn ein. Neben die parataktischen Sätze treten Serien von aneinandergereihten Bezeichnungen, etwa Artikelnamen (z. B. Zigarren: „Brasil, Havanna, Mexiko"). Was bei Seethaler leidlich geordnet wirkt, stürmt bei Döblin in chaotischer Fülle auf den Leser ein. Das Vokabular ist in Auswahl und Wortformen deutlich umgangssprachlich gefärbt („hauen" statt *schlagen*; „süffeln" statt *trinken*; Flüche wie „Donnerwetter" usw.). Die Kontinuität des Erzählens erscheint aufgelöst in ein Nebeneinander zusammenhangloser Splitter, was mit Begriffen wie Montage oder Collage am ehesten zu beschreiben ist. Darin liegt eine Analogie zur bildenden Kunst der Zeit, etwa der des Kubismus und Futurismus. Kunstvoll erscheint der Text dadurch, dass etwa die Großstadtgeräusche und Rhythmen lautmalerisch nachgestaltet sind: z. B. durch die u- und a-Laute in „R*u*mm r*u*mm w*u*chtet vor Aschinger auf dem *A*lex die D*a*mpfr*a*mme" und „r*a*tz kriegt die St*a*nge eins auf den Kopf", durch die angedeuteten Straßenbahngeräusche in „Ruller ruller fahren die Elektrischen".
Es bleibt dem Leser überlassen, was ihm überzeugender oder vielleicht auch verstörender erscheint: Döblins älterer Text in seiner wesentlich radikaleren und moderneren, avantgardistischen Technik wie der collagenhaften Gestaltungsweise oder Seethalers erzähltechnisch eher konventioneller, mehr auf das Erleben der Zentralfigur als auf die Stadt selbst zentrierter Text.

2. Frau Huchel reagiert auf die neuen Verhältnisse

Text

Seethaler, *Der Trafikant*, S. 168–170 (*„Mein lieber Franzl, […] längst verabschiedet hat?“*)
Vorbemerkung: Es handelt sich um den ersten Teil des Briefs der Mutter, dem noch Ausführungen zur Liebe und zu den eigenen erotischen Aussichten folgen.

Aufgabenstellung

1. Umreißen Sie den Wandel im Verhältnis der Mutter zu ihrem Sohn, der in diesem Brief zum Ausdruck kommt.
2. Zeigen Sie, wie die Mutter die Veränderungen nach der Machtübernahme der Nationalsozialisten erlebt und wie sie darauf reagiert.
3. Vergleichen Sie damit die Reaktionen einiger anderer Figuren des Romans.

Lösungsvorschlag

Zu 2.1
Es handelt sich um den ersten und einzigen Brief, den Frau Huchel an ihren Sohn schreibt und mit dem sie auf dessen gleichfalls ersten Brief antwortet. Vorher beschränkte sich der schriftliche Austausch, der Vereinbarung bei Franzens Abreise entsprechend, auf Ansichtskarten mit vorwiegend praktischen Mitteilungen. Wie Franzens Brief ist nun aber auch der der Mutter ausführlich, mitteilsam und ausgesprochen herzlich. Dem Wandel der Mitteilungsform entspricht auch die Fortentwicklung des persönlichen Verhältnisses von Mutter und Sohn. Zu Hause war Franz noch unselbstständig (nur auf die Mutter bezogen lebend und ohne Arbeit) und wurde auch von der Mutter als unmündig behandelt. Die Entscheidung zur Übersiedlung nach Wien war allein die ihrige und wurde Franz nur durch eine Ohrfeige vermittelt. Jetzt dagegen handelt er eigenverantwortlich (Weiterführung der Trafik) und teilt auch der Mutter wichtige Ereignisse nur entschärft mit (Trsnjeks Verhaftung als Erkrankung). Dass die Mutter Franzens Selbstständigkeit zwar mit dem Kopf, aber noch nicht so recht mit dem Herzen akzeptieren kann, zeigt sich in ihrer Reaktion auf Franzens Nähe zu Freud: *„Früher hab ich Dir den Umgang mit den anderen Buben ja noch verbieten können, wenn mir einer nicht gepasst hat. Die Zeiten sind jetzt vorbei.“*

Zu 2.2

Der Brief der Mutter beginnt mit einem Bild der Landschaft am Attersee, in das sich sofort die Signale des politischen Umbruchs schieben. Die „*Hakenkreuzfahnen*" sind jetzt da und die Leute „*rennen mit wichtigen Gesichtern herum*", in der Schule „*hängt jetzt der Hitler. Direkt neben dem Jesus. Dabei weiß man doch gar nicht, was die beiden voneinander halten.*" Solchen Schilderungen ist eine ganze Skala widersprüchlicher Bewertungen zu entnehmen. Sie reichen von naiver Zustimmung (die Fahnen „*sehen ganz akkurat aus*") und amüsierter Distanz („*der Förster rennt mit einer leuchtendroten Armbinde im Wald herum und wundert sich, dass er nichts mehr schießt*") bis zu wenig verhüllter Kritik, etwa wenn Preiningers Auto „*beschlagnahmt*" wurde und die Mutter dazu schreibt: „*So nennt man das heute, wenn Sachen verschwinden und irgendwo anders wieder auftauchen.*" Frau Huchel weiß aber die neuen Verhältnisse, in dem Fall die Furcht vor den jetzt mächtigen Nazis, für sich zu nutzen, und zwar wenn sie den zudringlichen Wirt mit dem Verweis auf ihren Freund, den (erfundenen) „*Obersturmbannführer Graleitner*", auf Distanz hält. Aus all dem ist eine illusionslose Einschätzung der jetzt herrschenden Repression abzulesen. Auflehnung aber liegt der Mutter fern, ihre Sache ist eher Vorsicht. Das wird erkennbar, als sie Franz für den Umgang mit Freud ohne erkennbare Empörung zu bedenken gibt: „*Auch wenn die Juden noch so anständig sind, was nützt ihnen das, wenn sich um sie herum die ganze Anständigkeit schon längst verabschiedet hat?*"

Zu 2.3

Der Roman bietet ein Spektrum von Verhaltensweisen unter dem Druck der Repression. Markant bei den Nebenfiguren: Anschläge und Denunziation bei Roßhuber, Einschüchterung bei Frau Dr. Dr. Heinzl, Verharmlosung bei Anflügen von schlechtem Gewissen beim Briefträger Pfründner, unbewegte „Pflichterfüllung" beim „Verhärmten", symbolischer Protest beim Roten Egon. Aber auch die Hauptfiguren wären zu nennen: Freud mit seiner Verbitterung und dem Weg ins Exil, Anezka mit ihrer Anpassung durch die Wahl eines Liebhabers von der richtigen Seite, schließlich Franz mit seiner tollkühnen Aktion gegen die Hakenkreuzfahne.

3. Franz notiert seine Träume

Text

Seethaler, *Der Trafikant*, S. 178–180 („Von da an klebte Franz […] fallengelassenes Schmuckstück“)

Aufgabenstellung

1. Interpretieren Sie die drei Traumnotizen.
2. Zeigen Sie, welchen Bezug sie zum Geschehen haben und welche Rolle ihnen im Roman zukommt.

Lösungsvorschlag

Zu 3.1
Bei allen drei Notizen handelt es sich nicht um Wiedergaben längerer Träume mit verschlungenen Inhalten, sondern um relativ kurze und punktuelle Niederschriften. Alle drei halten jedoch Vorgänge von äußerster Bedrohlichkeit fest und führen zu einem katastrophalen Ende.
Die drei Träume sind in jeweils einem einzigen Absatz und in einer einzigen Satzreihe festgehalten, deren Teile jeweils mit Komma verbunden sind. Das lässt sie wie isolierte Momentaufnahmen erscheinen, die aus einem diffusen Bewusstseinsstrom heraustreten. Das jeweils verwendete Präsens (einzige Abweichung im ersten Traum: „*niemand hat den toten Mann gesehen*“) verstärkt diesen Eindruck entschieden.
Die gewohnte Ordnung der Dinge gerät in allen drei Träumen aus den Fugen: Über den toten Mann, der von der Kirche gesprungen ist, wird im ersten Traum gelacht, die Erde (bei der es sich doch um einen Stadtboden handelt) ist seltsamerweise „*weich*“, die erblühten Blumen und das „*Kreuz*“, das ein (normalerweise geradeaus ziehender) Kranich im Himmel markiert, stehen in einem verschlüsselten assoziativen Bezug zum Geschehen. Im zweiten Traum „*schwankt*“ nicht der Dampfer, sondern der See und „*kracht in das Herz hinein*“, womit das Außen unvermittelt und gewaltsam in die Innenwelt eindringt. Im dritten Traum schließlich bricht das Riesenrad aus allen Dimensionen und vernichtet die Stadt Wien, wobei auch hier – wie beim Blühen der Blumen auf den Tod des Selbstmörders hin – mit dem Juchzen des Mädchens als Reaktion Katastrophe und unbegreifliche Schwerelosigkeit seltsam verschmolzen sind. Auffällig ist noch, dass nur im zweiten Traum der träumende Franz samt seiner Mutter selbst vorkommt.

Zu 3.2
Alle drei Träume lassen sich als verfremdende Verarbeitungen von im Roman Geschehenem oder Befürchtetem verstehen. Im ersten Traum spiegeln sich Franzens Liebesnöte (das Liebeslied bleibt in Erinnerung), aber auch der Tod des Roten Egon, auf den Trsnjek noch vor seiner Verhaftung Franz aufmerksam gemacht hat. Der zweite Traum führt zurück in die Kindheit am Attersee (auch dort gibt es ja einen Dampfer!), auf die Zuwendung der Mutter folgt unvermittelt ihr Verschwinden, das den Jungen mit seiner Angst zurücklässt, und schließlich die Katastrophe. Dieser Traum knüpft übrigens auch an einen früheren, nicht schriftlich festgehaltenen, aber ebenfalls beklemmenden an, in dem Franz schon sein schlagendes Herz mit den Dampfern auf dem See zusammenbringt (vgl. S. 150). Am bedrohlichsten ist der dritte Traum: Hier taucht wieder das Riesenrad auf, das im Roman immer wieder auf Anezka bezogen erscheint, so dass man sie hinter dem in der Notiz genannten „Mädchen" vermuten muss (andere Mädchen spielen für Franz ohnehin nie eine Rolle). Dass das Riesenrad am Ende ins Riesenhafte wächst und die ganze Stadt zerstört, darf als Vorausdeutung auf den Untergang Wiens am Ende des Romans verstanden werden. Im Zusammenhang mit den vielen Andeutungen Freuds, Trsnjeks und anderer Romanfiguren sind solche Traumphantasien bei Franz durchaus plausibel.
Im Gefüge des Romans spielen Franzens Traumnotizen eine erstaunlich bescheidene Rolle. Freud, der Autor der berühmten *Traumdeutung* (1900), hat diese Niederschriften zwar angeregt, lässt sie sich aber nie zeigen und äußert sich nicht mehr dazu. Dass er kein Interesse zeigt, ist seltsam und hängt wohl damit zusammen, dass seine Kompetenz als Wissenschaftler im Roman nur beiläufig beleuchtet wird und Franz keine ordnungsgemäße Therapie bei ihm macht. Aber auch die Passanten vor der Trafik, die die Notizen lesen, zeigen kein besonderes Interesse. Sie sind – wie Anfang und Schluss des ausgewählten Texts zeigen – zwar neugierig und teils auch empört. Wenige werden „nachdenklich", gehen aber dann weiter. Das verständnislose Lachen von Frau Dr. Dr. Heinzl gilt nur dem „*Wolkenfetzenkleid*". Und Franzens letzte Notiz, die Anezka Jahre später unmittelbar vor dem Bombenangriff vorfindet und mitnimmt, ist nur ein fragmentarisches, kaum verständliches Erinnerungsstück.

4. Franz schaut auf Wien

Text

Seethaler, *Der Trafikant*, S. 199–201 („Der Baumstamm, auf dem er saß […] Stadt meiner Träume sein!")

Aufgabenstellung

1. Interpretieren Sie den Textauszug.
2. Vergleichen Sie, mit welchen erzählerischen Mitteln die Wirkung des Umsturzes auf die Menschen an dieser Stelle und im Roman insgesamt dargestellt wird.

Lösungsvorschlag

Zu 4.1

Der Textauszug beginnt damit, dass Franz, der sich auf dem Kahlenberg niedergesetzt hat, die Bewegungen von Käfern auf dem Baumstamm betrachtet. Zwischen seine Beobachtungen schieben sich aber sofort Überlegungen zur bedrohlichen Lage nach dem „Anschluss" Österreichs. „Wer nichts weiß, hat keine Sorgen, dachte Franz, aber wenn es schon schwer genug ist, sich das Wissen mühsam anzulernen, so ist es doch noch viel schwerer, […] das einmal Gewusste zu vergessen." Da erscheinen ihm sogar die Beinchen der Käfer „wie winzige, umherzuckende Buchstaben, die immer neue Worte, Sätze, Geschichten bildeten". Das leitet über zu dem von ihm wahrgenommenen Trommelfeuer der Zeitungen: „So viel Aufregung, so viel gedrucktes Geschrei." Und dann folgt – immer in Franzens Wahrnehmung – eine wahre Flut von schönfärberischen und scheinheilig rechtfertigenden Parolen, die jetzt überall zu lesen sind und die die unmenschlichen Maßnahmen der neuen Machthaber mit ihrem stereotypen „aber" und den folgenden rhetorischen Fragen feiern: „Umbrüche fanden statt – aber waren die nicht auch nötig?"
Diesem vielfach variierten Satzschema mischen sich dann atemlose Ausrufe bei: „Der Führer in Italien! Der Führer in München! Der Führer in Salzburg! Der Führer überall! Unglaublich!" Dass es sich immer noch um die raffende Wiedergabe von Presseverlautbarungen aus Franzens Perspektive handelt, wird mehrfach deutlich: „Ein Kommunist bringt sich um! Noch einer! Und noch einer! Aber hatten sie es sich nicht auch ein kleines bisschen verdient, verehrte Leserinnen und Leser?" Die verherrlichenden Wertungen des Regimes werden dabei ständig genannt: „Unser Bild zeigt den Führer bei der Besichtigung unserer unüberwindlichen Bunker!" Durchschaut wird auch, wie die Machthaber in den Medien das Amüsierbedürfnis der Menschen be-

dienen: „Heute im Theater: *Lisa, benimm dich!* (Komödie)! Morgen im Kino: *Die kluge Schwiegermutter* (Komödie)!“ Alles gipfelt schließlich in dem – hier natürlich ironisch gemeinten – Beginn des populären sentimentalen Wiener Lieds „Wien, Wien, nur du allein […]“ von dem (allerdings polnischstämmigen) Dichterkomponisten Rudolf Sieczyński.

Zu 4.2
Der Textauszug ist klar und konsequent im Sinn der personalen Erzählsituation gestaltet: Alles, auch die scheinbar ganz frei und aus allen Zusammenhängen losgelöst auf den Leser einstürzenden Parolen, ist von den Überlegungen und der kritischen Wahrnehmung des aufgewühlten Franz bestimmt, der kurz zuvor die amtliche Nachricht von Trsnjeks Tod erhalten hat. Wie die im Textauszug dargestellte Spiegelung dessen zeigt, was in bestürzender Fülle auf ihn einströmt, wahrt er sowohl eine kritische Distanz dazu als auch ein klares Urteilsvermögen.

Im Roman insgesamt gibt es zahlreiche analoge, aber auch abweichende Erzählformen, in denen die Wirkung des Umsturzes auf die Menschen dargestellt wird:

- Wie sich in Franzens Bewusstsein die Wahrnehmung der neuen Kräfte mit kritischer Einordnung verbindet, so ist das auch bei anderen Figuren der Fall. Das gilt etwa für den Briefträger Pfründner, der die Bespitzelung des Postwesens aus seiner Berufsauffassung heraus nicht billigt, aber doch eingeschüchtert und anfällig für Beschönigungen ist. Auch bei ihm wird das in personaler Erzählhaltung dargestellt.
- Franzens Mutter, die sich in ihren Briefen an Franz in der Ich-Form ausspricht, hat wie Pfründner einen scharfen Blick auf das Bedenkliche der neuen Lage, richtet sich aber mit Gewitztheit darin ein. Gleichfalls in der Ich-Form schwadroniert die geschwätzige einkaufende Frau, nicht ohne beiläufige kritische Bemerkungen über die Entwicklung, aber überlagert von Klatschsucht, Sensationsgier und Anpassung.
- An einigen Stellen des Romans ist das Aussprechen der monströsen Seiten der politischen Entwicklung jedoch einem allwissenden Erzähler in den Mund gelegt, der jenseits der einzelnen Romanfiguren aus umfassendem Überblick die empörenden Geschehnisse mitteilt, etwa die unmenschlichen Zustände in der Gestapo-Zentrale und die Verschleppungen, die im Westbahnhof ihren Ausgang nehmen. Ganz zuletzt deutet er auch die sich vorbereitende Bombardierung Wiens an.

5. Ein Entschluss wird gefasst

Text

Seethaler, *Der Trafikant*, S. 235–237 („Pünktlich nach Fahrplan [...] als ob es tanzte“)

Aufgabenstellung

1. Stellen Sie kurz dar, in welcher Situation sich Franz hier nach Freuds Abfahrt sieht.
2. Der Roman lenkt nach dieser Textstelle unmittelbar weiter zum Bericht der einkaufenden Frau über das nächtliche Hissen der Hose statt der Hakenkreuzfahne. Eine Darstellung, wie Franz sich zu dieser Aktion entschließt oder wie er sie vorbereitet, fehlt. Verfassen Sie eine solche Darstellung, die im Roman stehen könnte.

Lösungsvorschlag

Zu 5.1

Nach der Entfernung von der Mutter, Trsnjeks Tod, Anezkas Abwendung und Freuds Abfahrt leidet Franz an all diesen Abschieden. Er blickt zurück auf seine Entwicklung vom „komischen Buben“ zu einem Einsamen, der sich in bedrängter Lage an niemand Älteren mehr halten kann. So sucht er Orientierung bei einer schon zuvor (vgl. S. 224) gefallenen Äußerung Freuds: „Vielleicht könne man da und dort ein Zeichen setzen, hatte der Professor gesagt, ein kleines Licht in der Dunkelheit, mehr könne man nicht erwarten.“ Dass Franz sich dadurch verpflichtet fühlt und daraus den folgenschweren Entschluss ableitet, Trsnjeks Hose als Protestzeichen in der nächsten Nacht vor der Gestapo-Zentrale zu hissen, wird nicht ausgesprochen. Es wird aber angedeutet: „Aber auch nicht weniger, dachte Franz und hätte fast laut aufgelacht.“

Zu 5.2

Der Roman weist hier, an einem entscheidenden Punkt der Handlung, eine Leerstelle auf. Erst über den mit Einkaufskommandos vermischten Bericht einer geschwätzigen Frau (vgl. S. 237 ff.) erfährt man, was sich nachts vor der Gestapo-Zentrale zugetragen hat.

Es ist reizvoll, diese Leerstelle auszufüllen. Franzens Entschluss zu seiner tollkühnen Aktion muss ja irgendwie zustande gekommen sein. Er muss hin und her überlegt haben, wie er „ein Zeichen setzen“ kann, welche Wirkung das haben soll, welche Folgen es für ihn haben wird und ob er unerkannt den Tatort verlassen kann. Er muss sich vorbereiten, sich vielleicht am Platz der

Tat nochmals vorher umsehen, die günstigste Zeit abwarten, Trsnjeks Hose aus der Trafik holen; er muss auch bedenken, dass ihn selbst im Fall des Entkommens die Hose als Täter verraten wird. Vielleicht denkt er dabei an den Roten Egon als Vorbild einer solchen letzten Endes selbstmörderischen Aktion. Inhaltlich bietet sich also viel Stoff für das Ausfüllen der Leerstelle.

Auch bei der Wahl der geeigneten Form für eine solche Romanergänzung bieten sich viele Möglichkeiten, und zwar unter Wahrung des Tons und der Erzählformen des Romans. Man könnte die Form eines Erzählerberichts „von außen" wählen (allerdings mit der Gefahr, dem folgenden originellen Bericht der einkaufenden Frau, der ja auch von außen kommt, etwas von seiner Wirkung wegzunehmen). Denkbar ist auch, Franz selbst in Form einer weiterführenden Gedankenrede oder eines Selbstgesprächs (wie etwa bei dem Aufenthalt auf dem Kahlenberg) zu Wort kommen zu lassen. Er könnte aber auch im Bewusstsein der Gefahren, auf die er sich einlässt, einen erklärenden und rechtfertigenden Brief an seine Mutter verfassen. All diese Möglichkeiten bieten eigene Zugänge und laden dazu ein, sich mit ausgestaltender Phantasie kreativ in den Roman einzuschalten, statt ihn lediglich zu interpretieren.

Literaturhinweise und Medien

Werkausgaben

Döblin, Alfred: Berlin Alexanderplatz. 42. Aufl. München: Deutscher Taschenbuchverlag, 2002.

Freud, Sigmund: Die Traumdeutung. Frankfurt a. M.: S. Fischer, 1972 [u. ö.].

Zweig, Stefan: Die Welt von Gestern. Erinnerungen eines Europäers. 42. Aufl. Frankfurt a. M.: Fischer, 1985. http://www.literaturdownload.at/pdf/Stefan%20Zweig%20-%20Die%20Welt%20von%20gestern.pdf

Rezensionen und Studien

Lüdke-Haertel, Sigrid: Der große Freund und sein kleiner Franz. Robert Seethalers ergreifender Roman *Der Trafikant*. In: Strandgut. Das Kulturmagazin für Frankfurt und Rhein-Main 12 (2012) S. 28 ff.

Papst, Manfred: Sigmund Freud im Tabakladen. In: Neue Zürcher Zeitung, 27. Januar 2013. S. 4 f.

Platthaus, Andreas: Robert Seethaler: Der Trafikant. Freuds Freund. In: Frankfurter Allgemeine Zeitung, 2. November 2012. http://www.faz.net/aktuell/feuilleton/buecher/rezensionen/belletristik/robert-seethaler-der-trafikant-freuds-freund-11947460.html

Seethaler, Robert im Gespräch: Freud kennt sich mit der Liebe auch nicht aus. In: Psychologie Heute 5 (2015) S. 74–76.

Schöpfer, Dorothee: Doppelter Glücksfall. In: *Stuttgarter Zeitung*, 21. Oktober 2016. http://www.stuttgarter-zeitung.de/inhalt.wlb-esslingen-doppelter-gluecksfall.9b434ca2-c6d1-41fa-b30a-2816d17cb1a8.html

Sosna, Anette: Adoleszenz und Zeitgeschichte in Robert Seethalers Roman *Der Trafikant*. In: Literatur im Unterricht: Texte der Gegenwartsliteratur für die Schule. Hrsg. von Anja Ballis und Klaus Maiwald. 15, Heft 1 (2014). Trier: WVT Wissenschaftlicher Verlag Trier. S. 53–70.

Tiefenbacher, Andreas: Robert Seethaler: Der Trafikant. Literaturhaus Wien, 22. April 2013. www.literaturhaus.at/index.php?id=9868

Zum geschichtlichen Hintergrund

Mahler-Werfel, Alma: Mein Leben. 43. Aufl. Frankfurt a. M.: Fischer, 1982.

Steiner, Herbert: Zum Tode verurteilt. Österreicher gegen Hitler. Eine Dokumentation. Mit einem Vorwort von Friedrich Heer. Wien/Köln/Stuttgart/Zürich: Europa Verlag, 1964.

Hörbuch

Seethaler, Robert: Der Trafikant. Gelesen vom Autor. Ungekürzte Ausgabe, 5 CDs, 382 Minuten. Roof Music GmbH 2014.

Film

Der Trafikant (Österreich/Deutschland 2018); Länge: 113 Minuten
Produktion: Epo-Film Wien/Glory Film München/Tobis Film Berlin;
Verleih: Constantin Film;
Regie: Nikolaus Leytner;
Drehbuch: Klaus Richter/Nikolaus Leytner;
Szenenbild: Bertram Reiter;
Kostüme: Caterina Czepek;
Kamera: Hermann Dunzendorfer;
Musik: Matthias Weber
Schauspieler: Simon Morzé (Franz), Johannes Krisch (Trsnjek), Emma Drogunova (Anezka), Bruno Ganz (Freud), Regina Fritsch (Frau Huchel), Karoline Eichhorn (Anna Freud), Elfriede Iral (Martha Freud), Michael Fitz (Roter Egon), Rainer Wöss (Rosshuber) u.a.

Internet

www.robert.seethaler.de

Stichwortverzeichnis